————————— 님의 소중한 미래를 위해
이 책을 드립니다.

**주식투자로
부의 리셋 버튼을 눌러라**

주식투자로
부의 리셋 버튼을
눌러라

김형렬 지음

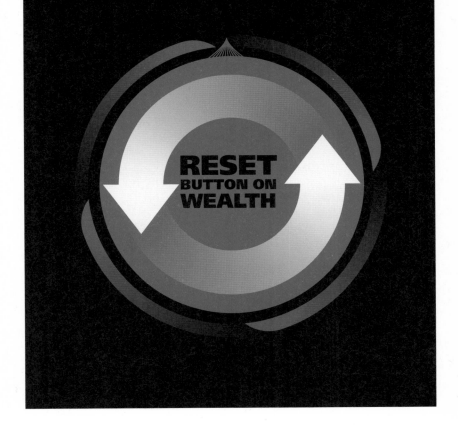

RESET
BUTTON ON
WEALTH

메이트북스

메이트북스 우리는 책이 독자를 위한 것임을 잊지 않는다.
우리는 독자의 꿈을 사랑하고,
그 꿈이 실현될 수 있는 도구를 세상에 내놓는다.

주식투자로 부의 리셋 버튼을 눌러라

초판 1쇄 발행 2020년 12월 4일 | **지은이** 김형렬
펴낸곳 ㈜원앤원콘텐츠그룹 | **펴낸이** 강현규 · 정영훈
책임편집 안정연 | **편집** 유지윤 · 오희라 | **디자인** 최정아
마케팅 김형진 · 차승환 · 정호준 | **경영지원** 최향숙 · 이혜지 | **홍보** 이선미 · 정채훈
등록번호 제301-2006-001호 | **등록일자** 2013년 5월 24일
주소 04607 서울시 중구 다산로 139 랜더스빌딩 5층 | **전화** (02)2234-7117
팩스 (02)2234-1086 | **홈페이지** www.matebooks.co.kr | **이메일** khg0109@hanmail.net
값 16,000원 | **ISBN** 979-11-6002-312-1 03320

이 도서의 국립중앙도서관 출판시도서목록(CIP)은 e-CIP홈페이지(http://www.nl.go.kr/ecip)에서
이용하실 수 있습니다.(CIP제어번호 : CIP2020047968)

돈이란 헛된 기대에 부풀어 있는 도박꾼으로부터 나와
정확한 확률이 어디에 있는지 아는 사람에게로
흘러들어가게 마련이다

• 랄프 웬저(투자의 대가) •

더 나은 내일을 위해
부의 버튼을 새롭게 리셋하자

세상 모든 사람들은 지금보다 행복한 미래를 위해 열심히 살아간다. 이전에는 각자 뜻하는 바를 이루기 위해 노력만 하면 될 것이라 생각했었는데, 2020년 코로나19 전염병의 등장으로 세상의 기본 틀이 바뀐 느낌이다.

우리는 역사의 기록으로만 간접적으로 경험했던 팬데믹 상황이 바로 우리의 실생활이 되었음을 몸소 느끼고 있다. 마스크 없이 활동하는 것이 금연지역에서 담배를 피우거나 노상방뇨를 하는 것과 같은 사회 규범적·윤리적 가해행위가 될 수 있음을 느낀다. 가족들과 같이 모여 하루 일과를 주제로 담소를 나누며 맛있는 식사를 나누는 자리에서도 찌개 한 그릇을 같이 나눠 먹는 모습은 이제 상상하기 어려운 시대가 되었다. 그만큼 코로나19는 사회·경제·문화 등 모든 것들을 추억해야 할 과거로 만들었고, 우리를 마치 다른 세상에 떨어진 시간 여행자로 만들었다.

코로나19를 인류가 언제쯤 정복할 수 있는지는 모른다. 인류의 과학기술 발전과 역사적으로 바이러스를 경험했던 극복사례를 생각해볼 때, 이 골치 아픈 코로나19 바이러스를 없애는 기술을 발명하든, 어쩔 수 없이 굴복하고 같이 살아가는 방향을 모색하든, 우리는 앞으로 나아가야 한다.

세상의 모든 이들은 지금보다 나은 미래를 꿈꾸며 살아가고 있다. 열심히 살아가는 사람 하나하나가 모여 도시와 국가를 형성하고, 이들의 복잡한 관계가 모여 경제환경을 만들게 된다.

경제환경이란 사회구성원이 원칙과 노력에 따라 지향하는 방향으로 향해 가고 있으나 이 방향은 정해져 있는 것이 아니라 조금씩 변해가며 발전한다. 때로는 끝없이 평화로워 보이고, 다시 언제 그랬냐는 듯이 불안하고 걱정이 가득한 공포의 시대를 만들기도 한다. 사람과 사람의 관계는 역사를 만들고, 우리는 그 역사를 되돌아보며 미래의 그림을 그려보는 힌트를 얻게 된다.

필자는 현재 증권사 리서치센터장의 역할을 수행하며, 경제 및 금융시장에 대한 분석과 투자전략 업무를 담당하고 있다. 지난 20년 동안 분석업무를 해오며 금융시장과 경제가 과거의 사례와 비슷한 적도 있었고, 난생처음 경험해 공부하며 분석을 해야만 하는 일들도 많았다. 그렇게 오랜 시간 분석활동을 해오며 생각할 수 있게 된 것은 크게 다음의 3가지였다.

첫째, 사람 사는 일은 어디에서든 크게 다르지 않고, 생각도 비슷하다는 점이다.

흔히 사람들은 경제와 투자시장에 대한 분석은 무엇인가 특별한 지식과 아이디어를 가져야만 가능하다고 생각한다. 즉 투자를 위해서는 정보를 얻어야 하고, 그 정보는 제한된 사람들이 가지고 있는 불균형의 문제에서 시작될 것이라고 으레 생각한다. 하지만 우리가 획득할 수 있는 투자정보는 생각보다 가까운 곳에서 누구나 얻을 수 있다.

그 정보를 단순한 경제현상에 불과한 것으로 받아들이는 것은 투자기회를 남에게 무상으로 제공하는 것과 같다. 투자의 목적은 수익에 있다. 내가 원하는 수익은 오직 나의 선택에 의해서 결정된다.

둘째, 많은 사람들이 공감할 수 있는 변화를 읽어내는 것이 중요하다.

세상과 경제는 때로는 빨리, 때로는 아주 느리게 변한다. 변하는 세상을 누군가는 빠르게 적응하지만 많은 이들은 경계하고 그 흐름을 따르지 않으려 저항한다. 경험하지 못한 일, 알 수 없는 일에 대해 조심스럽게 받아들이려 하는 것은 어쩌면 본능에 충실한 것일 수 있다. 그런데 그 변화의 흐름은 개인을 기다려주지 않는다.

변화의 흐름을 겁내는 나의 모습이 어쩌면 나만의 원칙과 기준에 따라 앞으로의 선택과 결정을 방해하고 있을지 모른다는 생각을 해야 한다. 기성세대가 기록한 축적된 경험을 머릿속에 주입하고, 새로운 세대의 변화와 도전에 대해 그 자체를 봐줄 수 있는 너그러움이 앞으로 빠르게 변화하는 세상을 살아가는 데 중요한 자양분이 될 수 있다.

마지막으로, 나의 생각을 실천할 수 있어야 하며 그것을 뒤로 미루지 말아야 한다.

사람들은 투자를 결정하기 위해 준비할 게 많을 것이라 생각한다. 주식이든 부동산이든 투자를 위해 목돈이 필요하고, 누적된 자본을 바탕으로 가까운 미래에 투자를 실행할 것이라고 말한다. 그런데 막상 시간이 지나보면 준비가 되어 있는 경우는 드물다. 그 이유는 우리의 삶이 워낙 변화무쌍해 각자가 원하는 준비된 상태를 만들어주지 않기 때문이다.

나는 지난 20년 동안 주식이나 부동산 등에 있어 생각한 것을 최대한 실천하려는 노력을 해왔다. 세상이 인정하는 대단한 성공이라고 할 수는 없으나 화목한 가정, 성취감을 느낄 수 있는 직장생활 등 작은 성공에 다가서려 노력해왔다.

아직 살아가야 할 날을 생각하면 지금의 작은 성공이 조금씩 모여 지난날을 되돌아보게 될 때 스스로 흐뭇해할 수 있는 기억이 될 것으로 생각된다. 투자도 이와 크게 다르지 않다. 큰 성공을 목표로 다가서기 위해서는 당장 눈앞에 실현시킬 수 있는 작은 성공을 모아나가야 한다.

인간의 평균수명이 늘어났다는 것은 경제활동과 투자활동을 이행하는 모든 사람들에게 충분한 시간이 주어졌다는 뜻이다.

2020년대가 이제 막 시작되었고, 앞으로 2030년까지 각자의 삶뿐만 아니라 역사적으로 기록된 적이 없는 초저금리 시대의 투자에 대한 고민을 글로 풀어내기 위해 이 책을 쓰게 되었다. 지금과 똑같지 않을 뿐, 앞으로 투자의 기회는 계속 제공될 것이다.

쉬운 투자란 없다. 투자는 자본을 던져 이미 내 손을 떠나는 아주 위험한 경제활동이다. 하지만 그렇게 나의 손을 떠난 자본 또는 돈이 살을 붙여 잘 돌아오게끔 만드는 것은 투자의 기본원칙이다.

투자성과에 대해서는 기대했던 것을 초과하든, 조금 모자라든, 있는 그대로 받아들이는 것이 중요하다. 이 책을 통해 앞으로 10년의 투자환경과 변해가는 경제·사회의 모습을 그려보고, 이 책이 작은 성공을 모아나갈 수 있는 지침서가 되기를 바란다.

끝으로, 맡은바 소임을 잘 수행할 수 있도록 격려와 많은 지원을 아끼지 않는 교보증권 임직원분들과, 부족함이 많은 센터장이지만 언제나 밝게 웃으며 각자의 성장과 발전에 젊음을 불태우고 있는 리서치센터 식구들, 지금의 위치에서 분석업무를 할 수 있도록 많은 가르침을 주신 금융 선후배분들, 항상 나를 자랑스럽다 말해주는 친구들, 처음 책을 집필하는 데 있어 많은 조언을 해주신 홍춘욱 박사님께 감사의 뜻을 전한다.

무엇보다 건강이 최고라며 따뜻한 격려와 사랑을 보여주신 양가 부모님과 가족분들에게 이 책을 빌어 고맙다는 말씀을 드린다. 특히 같은 금융인으로 여의도에서 함께 성장하며 내 곁을 지켜준 사랑하는 나의 아내 황세일, 가족은 언제나 사랑해야 할 존재라고 어른스럽게 말하는 나의 아들 김준휘에게 이 책을 바친다.

김형렬

2장

업그레이드된
초기화 세상

3장

한국은 리셋된
투자환경에 얼마나 준비되어 있나

4장

초기화된 경제,
투자는 선택이 아닌 필수

5장

폭주하는 투자시대,
이 신호를 경계하라

6장
코리아 리셋,
드디어 부의 지도가 바뀐다

똑같은 미래는 없다.
팬데믹 상황을 극복하고 하루라도
빨리 예전과 같은 삶을 영위하고 싶은 마음은
모두가 같겠지만, 우리는 '초기화'된 새로운 세상에
적응하고 투자기회를 찾아야 한다.
우리는 변화의 문 앞에 서 있다.

1장

코로나19가 누른
부의 리셋 버튼

과거 금융위기의 데자뷰인가?
충격의 경로가 다르다

2010년대를 뒤로 하고 새롭게 시작한 2020년은 또 다른 10년을 맞이하며 기대만큼이나 불안과 조바심을 가지고 출발했다. 세계경제는 미국 주식시장을 중심으로 확장세가 이어졌으나, 과거에 여러 번 경험했던 10년 주기의 경기침체(1999년 아시아 외환위기, 2000년 IT 버블붕괴, 2008년 금융위기와 2010년 유럽 재정위기 등)가 또 등장하지 않을까 하는 우려가 작지 않았다. 당시 많은 사람들은 경기침체의 원인은 지난 2년 동안 끌어온 미국과 중국의 무역분쟁이 신호탄이 될 수 있을 것으로 걱정했다.

한국을 포함해 교역 의존도가 높은 나라들은 지난 2년 동안 미국 보호무역의 피해를 체감할 수 있었다. 한국도 수출감소가 확대되었고, 그나마 글로벌 지배력이 강한 반도체 산업에 의존하며 버틸 수 있었는데, 2018년 2분기를 정점으로 이마저도 경기하방 위험이 강해지며 침체된 시간을 보내고 있었다.

다행히 2020년 시작과 함께 돌파구가 마련되는 듯싶었다. 2020년 11월 대선을 앞둔 미국 트럼프 대통령은 지난 3년 동안 경제성장과 완전고용에 가까운 일자리를 만든 것이 자신의 경제정책 때문이었음을 강조했고, 금융시장과 납세자에 우호적인 정책환경은 트럼프 대통령의 재선을 기정사실로 받아들이게끔 만들었다. '재선'이란 정확한 목표를 가진 트럼프 진영은 2020년이 시작된 후 교역제재를 가했던 나라들에게 무리한 공세정책을 완화시킬 뜻을 밝혀 새해의 시작과 함께 전해온 '단계적 무역협상 합의'란 작은 성과를 얻어냄으로써 한국도 한숨 돌릴 수 있는 기회를 얻는 것 같았다.

2020년에 대한 낙관적 기대가 한층 강화되던 상황에서 조금 불편한 소식이 갑자기 전해졌다. 중국 우한 지역에서 발병한 '폐렴'이 빠른 속도로 퍼진다는 내용이었다.

글로벌 금융시장은 '감염 이슈'의 등장을 대수롭지 않게 받아들였다. 한국은 그나마 신종플루, SARS, 메르스 등 전염병 이슈로 인한 지역사회의 혼란을 경험했던 적이 있었기 때문에 긴장하는 반응을 보였지만 주식시장에서는 일부 질병 관련 테마주의 이벤트 드리븐 Event Driven에 영향을 주는 정도였다. 방역활동을 철저히 한다면 경제 전체에 미칠 영향은 극히 미미하다는 평가가 대부분이었다.

하지만 일본과 한국 등 주변국으로 빠르게 감염이 확산되고 있다는 소식이 전해졌고, 급기야 중국 관광객 비중이 높은 유럽을 시작으로 서구권 지역에서 확진자 수가 기하급수적으로 증가했다. 국제보건기구WHO의 소극적 대처가 감염확산 문제를 더욱 키웠다는 평가도 있었지만 한편으로는 지난 10년 동안 누려온 경기 확장의 기를 쉽게 무너뜨리기 싫은 정책당국과 정부의 안이한 자세가 화를 재촉한 측면도 있었다.

어쨌든 2차 세계대전 이후 가장 많은 사람들이 코로나19 감염에 의해 사망하는 사건이 발생했으며, 결국 팬데믹 선언이 이루어졌다. 이에 각국 정부는 국경을 봉쇄하고 왕래를 차단하는 초유의 통제활동을 시작하게 되었다.

글로벌 주식시장은 폐쇄조치에 즉각적으로 반응했다. 글로벌 주식시장은 연쇄적으로 폭락을 기록했고, 정책당국은 신속히 경기침체 국면에 빠지는 것을 대비해 시장안정 조치와 부양정책을 준비했다. 선진 주요국에서는 GDP의 10% 내외의 재정지출을 가동해서 소득이 단절되고 대규모 실업의 충격에 노출된 가계를 위한 대응책을 마련했다.

10년 전 금융위기를 잊지 않은 각국의 중앙은행은 신속히 정책금리를 인하시켰다. 특히 미국은 양적완화 정책 및 회사채 매입 등 유동성을 직접 공급시켜 혹시라도 있을 시스템 붕괴를 차단하기 위해 노력했다.

일시적으로 충격에 빠졌던 금융시장, 특히 주식시장은 약세국면 진입을 걱정했다. 그러나 정책당국의 신속한 대처로 인해 오히려 코로나19를 극복하고 이전 경제환경으로 복귀할 것을 반영해 이 글을 쓰는 2020년 가을까지 대부분의 하락폭을 만회했다. 더 나아가 성장주는 코로나19 이전보다 오히려 주가가 더욱 상승하는 이상 현상까지 보이고 있다.

이 시점에서 생각해볼 것은 현재 우리가 통과하고 있는 경기침체 상황이 10년 전의 상황과는 분명히 다르다는 것이다. 현재 침체환경의 성격을 정확히 파악해야만 다음 사이클의 투자환경을 이해하는 것이 쉬워진다.

결론부터 말하자면, 경기침체 상황을 만든 원인이 발생한 곳과 이동경로가 다르다는 점을 이해해야 한다.

10년 전 경기침체, 시스템 리스크가 실물경제 침체로

2007년 말부터 징후가 나타난 미국 금융위기에 대해 정의를 내린다면 '시스템 리스크'로 말할 수 있다. 당시 경제상황을 생각해보면 세계경제의 주도권을 미국이 아닌 신흥국, 특히 중국경제가 거머쥐고 있었다. 재정수지 악화와 만성적인 경상적자의 문제를 해결하지

못하고 있던 미국은 저금리와 달러화 약세를 용인하며 국면탈출을
시도했다.

경제회복의 어려움을 겪던 미국이 새로운 성장동력을 찾기 이전
에 일단 부채부담을 낮춰 시간을 벌어보겠다는 의중을 읽을 수 있었
다. 풍부해진 유동성은 미국경제 회복에도 도움을 주었지만 특히 수
출 중심인 신흥국 경제가 비약적인 성장을 이루어낼 수 있는 발판이
되었고, 고도성장의 성과를 이뤄낸 신흥국 중산층은 엄청난 소비 붐
을 주도했다. 주식과 부동산 등에서 상당한 버블이 생성되었고, 물
가상승 압력은 더욱 강해졌다.

뒤늦게 정상궤도로 복귀한 미국은 소득과 소비가 동시에 증가하

미국 연방기금 목표금리와 달러화 리보금리 동향

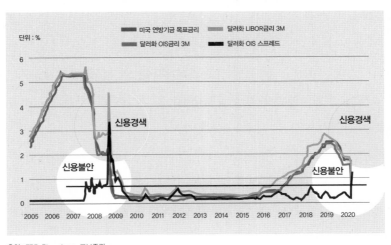

출처 : FRB, Bloomberg, 교보증권

는 정상적 성장보다 저금리를 바탕에 둔 투자(특히 부동산)활동에 올인하는 모습을 보였다. 이후 부동산에 집중 투자된 채권이 부실화되었고, 그 즉시 금융기관의 재무 건전성 악화로 이어졌으며, 우리가 익히 알고 있던 금융기관들이 하나 둘 도산하는 결과로 이어졌다.

즉 10년 전 금융위기는 '시스템 리스크'로 정의내릴 수 있으며, 이후 침체 원인의 경로가 실물경제로 번지며 미국경제가 침체에 빠지는 결과에 이르렀다.

2020년 경기침체, 실물경제에서 시작

2007년의 상황을 복기해보면 2020년에도 크게 다르지 않다는 느낌을 받을 수 있을 것이다. 2019년까지 미국 연준은 정책금리를 정상화시키려는 목적을 갖고 인상 기조를 유지했으며, 금융위기를 수습하기 위해 공급했던 유동성을 회수하며 혹시 모를 경기침체를 대비하는 선제적 대응을 수행하고 있었다.

중앙은행의 긴축정책이 가동되었으나 당장 가계의 소비에 영향을 줄 정도의 문제를 일으키지는 않았다. 10년 전과 달리 미국 연준은 인플레이션 파이터의 역할보다 디플레이션을 방어하고자 하는 목적이 더욱 짙다는 것을 느낄 수 있었다.

2020년 2분기에 발생한 글로벌 주식시장 급락과 경기침체가 시작된 것이 중앙은행의 긴축 정책에서 비롯되었다고 생각하는 이는 없을 것이다. 아무도 경험한 적 없는 강력한 통제활동으로 인해 수출 산업뿐만 아니라 특히 각국 내수경제가 '멈춤' 상태에 빠져 수많은 실업자가 발생했고, 기본적인 소득이 '실종'된, 말 그대로 패닉 상황이 연출된 것이다.

10년 전 금융위기가 무분별한 투기적 '투자활동'에서 시작되었고, 이를 차단하는 과정에서 '시스템'을 신뢰할 수 없는 상황이 경기침체를 만든 것이라면, 2020년 경기침체는 순수하게 '경제활동'이 중단된 것에 의한 문제가 리스크의 본질이라 할 수 있다. 따라서 현재 리스크의 전달 시점과 경로가 실물경제의 침체에서 시작되어 금융시장이 위협받은 상황으로 볼 수 있다.

각국의 경기부양정책이 가동된 이후 금융시장이 팬데믹 선언 이전으로 복귀할 수 있던 것은, 현재 '금융 시스템'에 문제가 있다는 판단을 내리지 않은 것 때문이다. 또한 10년 동안 유지되었던 경기호황이 당장 경제활동이 멈춘 상황에서 버틸 수 있는 '시간'을 벌어준 경우라 할 수 있다.

이제 경기침체 시간을 단축시키기 위해서는 문제의 원인으로 제공된 '감염확산'의 문제를 수습하고, 이전과 똑같지 않더라도 '전염병'을 '의식'하지 않는 경제활동으로 복귀할 수 있느냐가 중요한 관건이 되었다. 만약 복귀가 늦어진다면 현재 금융 시스템에 잠재되어 있는 '약점'이 드러나 또다시 실물경제를 위협할지 모른다.

　2020년은 한 걸음 내딛기보다 몇 걸음 이상 뒤로 후퇴한 상황에서 정상으로 돌아가기 위한 고민을 하게 한 시기였다. 평화로웠던 시기에 꿈꾸던 정상은 이제 새로운 정상을 위한 방향의 문제로 바뀌게 된 것이다.

주린이를 위한 투자전략

20년 전 세계경제는 닷컴 기업의 분식회계 등 시스템 문제가 있었지만 실물경제 침체에 가까웠고, 10년 전 금융위기는 금융기관과 투자자의 모럴 헤저드(도덕적 해이)가 만든 시스템 문제에 가까웠다. 현재 경기침체가 팬데믹 상황에 따른 실물경제 문제로 시작되었다면 가까운 미래의 침체 원인은 다시 금융 및 재정시스템의 문제에서 시작될 가능성이 크다.

세계경제의 성장 에너지, 분열과 융합의 순환

2020년, 전 세계경제를 극심한 혼란에 빠트린 코로나19 전염병의 등장으로 세상의 모든 것이 바뀌었다는 얘기를 많이 나누고 있다. 우리가 서양력을 말할 때 예수 탄생 전을 뜻하는 B.C.Before Christ와 예수 탄생 후를 말하는 A.D.Anno Domini를 사용해왔는데, 기원후 2020년이 되어서 A.C.After Corona로 명명하자는 세간의 우스갯소리까지 등장했다.

그만큼 코로나19의 파급력이 너무나 크다는 뜻으로 이해할 수 있다. 과연 우리의 후손들은 역사책에 기록된 지금의 상황에 대해 어떤 얘기들을 나누게 될지 한편으로는 궁금하기도 하다.

이미 수많은 책과 보고서를 통해 '포스트 코로나' '넥스트 코로나'

등 바뀐 미래에 대해서 고민하고 전망하려 하는데, 정말 코로나19 전염병의 등장만으로 모든 것이 바뀐 것일까? 경제와 투자관점에서 생각하면 사실 그전에 이미 많은 것이 바뀌어왔고, 코로나19라는 변수는 방향보다 속도의 변화를 가져온 것은 아닌지 고민해보려고 한다.

세계경제는 과거로부터 끊임없이 발전해왔고, 앞으로도 방향은 바뀌지 않을 것이다. 역사에 기록된 수많은 사건들은 발생시점에서만 보면 인류의 파괴와 멸종을 앞당길 것으로 걱정해왔지만 항상 인류는 이를 극복하고 새로운 세상을 열어왔다.

지난 100년 동안의 세계경제 역사를 조금 더 단순히 분류를 해보면 지금 우리의 위치를 조금 더 정확히 이해할 수 있을 것이다. 이때 주의해야 할 점은 소속되어 있는 국가, 성별, 나이를 생각하지 않도록 노력하는 자세가 필요하다는 것이다.

인간은 경험과 학습을 통해서 세상의 모든 현상에 대해 통찰력을 얻을 수 있다고 생각할 수 있다. 하지만 세상의 모든 경험과 학습 중 일부를 터득한 인간은 지극히 자기중심적일 수밖에 없고, 이는 세상을 보는 범위를 좁히는 오류를 범하게 한다.

물론 필자의 의견 역시 주관적이며 세상을 정확하게 정의 내린다고 볼 수는 없다. 그래도 복잡한 경제환경을 조금 더 단순히, 그리고 객관적으로 설명하기 위해서는 자기중심적 해석을 지양하는 노력이 필요하다.

지난 100년의 세계경제를 돌아보려고 한다. 이미 결과가 알려주듯이 세계경제는 미국이라는 초강대국을 중심으로 성장하고 있다. 미국과 동맹을 맺든, 미국과 경쟁을 하든 미국과의 관계가 각국의 성장추세와 강도를 결정짓는 데 너무나 중요하다는 것은 부정하지 못할 것이다.

지난 몇 년의 변화만 생각하자면 미국의 자기중심 성장전략 American First은 지극히 국가개인주의, 이기주의에 가까운 부정적 전략 방향이라는 생각이 들 것이다. 예측 불가능한 트럼프란 인물이 미국 대통령에 당선되며 우리가 지금과 같은 고통을 받는다고 생각하는 이가 많을 수 있다.

현재의 경제상황은 정상이 아니며, 빨리 예전으로 돌아가야 정상이라는 생각을 할 수 있는데, 우리 입장에서는 당연한 판단으로 볼 수 있다. 그런데 지지율이 어느 정도이든 미국 국민이 트럼프를 선택한 것을 마냥 부정할 수도 없다. 분명 그와 같은 인물에 대한 시대적 요구가 있었고, 그 사회적 합의에 충족된 인물이 대통령에 당선되었다는 것을 먼저 생각해보는 것이 필요하다.

미국은 경제, 안보 측면에 있어 우리에게 중요한 국가인 것은 분명하다. 동맹국으로서 대등한 관계를 유지한다고 생각할 수 있으나 자국의 이익에 있어서는 우선순위가 있을 수밖에 없다는 것을 기억하자.

치열한 경쟁이 성장 에너지가 되었던
1990년 이전

미국경제의 성장과 세계경제의 발전과정을 이해해보자.

먼저 1990년 이전의 세계경제는 분열의 역사로 기록될 수 있다. 세계대전과 민주주의, 공산주의의 이념적 대립이 세계경제의 발전 과정에 밑바탕이 되었다는 것은 부정할 수 없다.

세계대전을 끝낸 이후로도 세계 열강의 직접적인 충돌은 없었으나 꾸준히 국가안보의 위협이 외교의 논쟁거리가 되었고, 냉전시대의 보이지 않는 충돌을 대비하는 준비과정은 국가경제 발전에 중요한 동력이 되었다.

국가안보를 최우선 사명으로 생각한 1990년 이전의 사회는 경제발전 역시 민간경제보다 국가가 주도하는 보수적 성향이 짙은 환경이 유지되었다. 경제위기가 발생할 경우 이를 극복하기 위해 주적을 선정하고 이를 타도하는 과정에서 경제가 돌파구를 찾는 과정을 반복했다.

미국과 소련으로 대표되는 이념적 대립관계가 양측의 동맹국을 중심으로 성장전략을 수립하는 것이 1990년대까지 세계경제의 모습이었다. 세계경제가 발전하는 데 필요한 에너지는 국가 간 '분열'에서 발생되는 경쟁의 에너지였고, 이것이 성장동력의 에너지가 되었다는 것을 이해할 수 있다.

세계화 코드를 입력하며
융합에너지를 찾은 글로벌 경제

끝없는 경쟁 속에 성장을 이어가던 세계경제는 1990년대에 진입하며 대변혁의 시대에 들어서게 된다. 미국과 소련의 화합의 시대가 열리는 것으로 생각했지만 소련의 체제가 붕괴된 후 세계경제는 급격히 무게중심의 변화가 발생하게 된다. 미국은 소련의 안보위협을 극복하고, 일본의 경제적 공세를 이겨내며 진정한 경제 패권국가로 입지를 다지게 된다.

'경제와 안보'라는 칼과 방패를 모두 쟁취한 미국경제는 걱정할 것이 없는 듯싶었다. 한편으로는 너무 오랜 시간 동안 이어진 경쟁에 대한 피로감이 쌓였는지 미국 내부의 문제를 해결하는 데 더욱 노력하는 모습을 보이기도 했다.

세계 모든 국가는 미국만을 바라보며 미국경제 성장에 숟가락을 얹을 생각만 했고, 미국은 새로운 수요를 창출하기 위한 변화를 시도하게 된다. 이때 등장하게 된 것이 바로 '세계화' 전략이다. '지구촌'이란 단어가 공식화되고, 미국경제는 1990년대 장기 호황을 이어가며 외형확장에 나서게 된다.

문제는 내수경제 의존도가 높은 미국이 더욱 성장하기 위해서는 동맹국의 동반성장이 필요하게 되었다는 것이다. 피동맹국의 경우 소련의 국가붕괴 이후 더욱 결속을 다지며 문단속을 철저히 하는

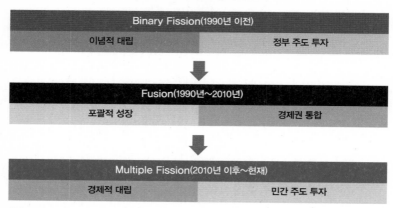

세계경제의 분열과 융합의 반복

Binary Fission(1990년 이전)

이념적 대립 / 정부 주도 투자

Fusion(1990년~2010년)

포괄적 성장 / 경제권 통합

Multiple Fission(2010년 이후~현재)

경제적 대립 / 민간 주도 투자

출처 : 교보증권

'수성전략'을 이행해 미국경제가 발전하는 데 걸림돌이 되었던 측면 도 있다. 미국은 동맹국과의 동반성장과 자국산업의 보호를 위해 국 제무역기구WTO를 설립했고, 여기에 중국을 가입시키면서 '포괄적 성 장'의 목표를 새로 설정하게 되었다.

세계경제는 이전까지 대립 관계로 인한 '분열' 과정에서 성장 에 너지를 충전시켜왔다면, 이때부터 '융합'에 의한 세계경제의 도약이 시작된 것이다. 여기서 잠시 물리학에서 말하는 분열과 융합의 개념 을 생각해보자.

세계 인류 발전에 기여해온 성장 에너지는 분열과 융합으로 에너 지원의 획득 과정이 나눠진다. 분열은 20세기 가장 위대한 발견으로 알려진 상대성이론을 기반으로 우라늄 핵이 붕괴되면서 엄청난 에너지가 발생했던 것과 비슷하다.

융합은 수소와 삼중수소가 반응해 더 무거운 헬륨과 중성자가 만들어지는데, 이 과정에서 발생되는 에너지의 생성과정을 뜻한다. 융합이 분열보다 어려운 과정인 것은 발생되는 에너지를 저장할 수 있는 장치를 만드는 것이 어렵다는 데 있다.

다시 세계경제의 융합과정으로 돌아가면, 미국이 자국산업을 보호하며 동맹국과 동반성장하는 것은 상당한 어려움을 극복해야만 했다. 미국과 동맹국의 경제력 수준은 엄청난 차이를 가지고 있었기 때문에 막강한 기술과 자본력을 가진 미국 투기자본이 세계 곳곳을 헤집고 다니며 많은 문제를 만들었다는 것을 알아야 한다(외채비중이 높은 수많은 개발도상국가는 금융위기와 외환위기를 경험했고, 유럽은 미국의 공세에 맞서기 위해 유럽연합을 출범시키는 변화를 겪기도 했다).

미국은 동맹국에 시장개방 압력을 거세게 몰아쳤고, 미국 농축산품의 수입을 강압적으로 요구하는 현상이 벌어졌다. 또한 미국기업은 미국 내에만 머무르지 않고, 본격적으로 생산기지를 해외 곳곳으로 옮겨 '글로벌 기업'으로서 시장지위가 격상되는 변화를 겪게 된다.

미국기업이 글로벌 기업의 지위를 얻게 되면서 배를 불리는 사이, 반대급부로 피해를 본 계층이 있었다. 표면적으로 본다면 동맹국이 피해가 컸을 것으로 생각되지만 미국기업이 값싼 노동력과 시장개척의 목적으로 진출한 사이 해당 국가의 고용창출 및 소득증가, 중산층의 절대규모 증가는 해당 동맹국의 국가경제에 분명한 혜택이 되었다. 오히려 이 같은 상황에서 피해를 본 것은 미국의 노동자라고 볼 수 있다.

세계경제는 왜 다시 분열할 수밖에 없었나?

———

블랑코 밀라노비치가 제시한 코끼리 곡선을 살펴보면 1990년 이후 금융위기 직전까지 소득불균형이 얼마나 심화되었는지 확인할 수 있다. 과거 20년 동안 가장 높은 소득을 기록한 것은 중분위에 해당되는 세계경제 중산층이었다. 이들은 선진국 기업들이 시장개척을 위해 진출한 신흥국가의 노동자, 즉 중산층에 해당되는 가계를 뜻한다. 그 다음으로 절대 우위에 소득을 올린 계층은 공교롭게도 상위 0.1% 부자들이 차지하고 있다. 금융위기 직후 미국을 중심으로 '부유세'에 대한 논의가 거세게 불었던 것은 수십 년 동안 이어온 소득 양극화의 문제를 해결하고자 하는 시대적 목소리를 반영한 것으로 볼 수 있다.

이제 주목할 점은 가장 소득이 부진했던 계층이 누구였냐는 것이다. 이들은 소득상위 10~20%에 속하는 계층으로, 선진국 중산층에 해당되는 사람들이다.

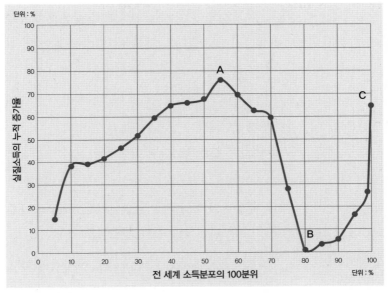

블랑코 밀라노비치가 주장한 코끼리 곡선

단위 : %

실질소득의 누적 증가율

전 세계 소득분포의 100분위

단위 : %

출처 : FRB, Bloomberg, 교보증권

　　이들은 정부가 분배활동을 강화하기 위해 세수정책을 강화하면
서 가장 많은 세금을 부담하고 있었고, 소득을 높이기 위해 필요한
인플레이션은 어느새 저물가 환경이 정착되어 임금 인상 유인이 크
지 않았다. 더 나아가 세계화 전략에 따라 기업이 글로벌화되어 가
며 선진국의 일자리가 지속적으로 사라지는 구조적 문제를 이들이
떠안게 되었다. 글로벌 경기호황이 유지되어 이들의 불만이 수면 아
래에 머물러 있었지만 2008년 금융위기가 터진 직후 이들의 불만이
폭발하게 되었다.

금융위기 직후 미국의 실업률은 10.3%까지 폭등했고, 수많은 사람들이 음식배급 쿠폰으로 살아야만 했다. 제로금리 정책과 양적완화 정책의 도움으로 금융시장이 안정을 되찾았지만 이전과 같은 고용환경을 기대하는 것은 어려웠다. 2016년 미국 대통령 선거에서 도널드 트럼프 후보가 대통령에 당선된 것이 일자리를 열망하는 백인 중산층의 숨은 지지가 있었기 때문인 것도 이해할 수 있다.

또 한편으로 이런 생각도 해볼 수 있다. 만약 트럼프가 당선되지 않고 당시 반대 진영 후보였던 힐러리 클린턴이 당선되었다면? 그랬다면 과연 중국을 겨냥한 무역전쟁과 보호무역 조치는 없었을까? 물론 방법의 차이는 있었을 것이다. 트럼프 대통령이 꺼내든 국경장벽과 같은 파격적이고 상징적인 수단을 사용하지는 않았겠지만 민주당의 전통적인 방식인 통상압력 정책을 활용해 일자리를 되찾는 노력을 해왔을 것이다.

당분간 우리는 '분열'의 시대를 살아야 한다

금융위기 이후 현재까지 세계경제의 성장 에너지는 '융합'에서 '분열'로 다시 바뀌었다. 일부에서는 과거로 회귀한 것에 대해 걱정을 제시하는 경우도 있다. 하지만 필자의 의견으로는 1990년대 이전과 같은 과거로 복귀한다기보다 새로운 환경으로의 전환을 뜻하는 것으로 생각된다.

그 이유는 첫째, 과거와 같은 이념에 대한 대립을 찾기 어렵다는 점이다. 미국과 중국의 대치상황, 오랜 시간이 흘러도 바뀌지 않는 미국과 러시아의 관계, 약간의 비슷한 점이 있지만 각국 국민의 동요는 전혀 이루어지지 않고 있다. 지금은 국가권력과 동등한, 솔직히 말하면 국가권력을 초월하는 기업과 자본의 대립이 새로운 분열의 환경을 만드는 원인으로 생각해볼 수 있다.

과거 분열의 시대에는 기업과 가계가 창출한 사회의 부가적 가치가 국가에 귀속되고, 정부가 주도하는 성장전략에 경제환경이 결정되는 반응을 보여왔다. 하지만 정부의 경제수준을 뛰어넘는 기업의 사회 장악은 눈에 보이지는 않지만 이미 국가권력을 뛰어 넘은 것으로 볼 수 있다.

따라서 새로운 성장을 위한 투자활동은 국가가 주도한다기보다 민간 중심의 투자로 전환된 것이 현재의 투자환경이라고 정의 내릴 수 있다. 과거에 성장전략을 주도했었던 정부의 역할은 이제 민간 주도의 성장전략을 지원하는 정도로 그 권한이 크게 축소된 것을 주목해볼 수 있다.

그렇다면 기업의 경쟁관계는 어떠한가? 영원한 친구가 있을 수 없듯이 영원한 적도 없다. 기업의 목적은 경쟁이 아닌 이윤창출이다. 이익을 극대화하기 위해 전략적 합의가 가능하다면 언제든 친구로 지낼 수 있다.

다시 말하면, 현재 우리가 살아가는 '분열'의 세계경제는 겉으로 보여지는 모습과 달리 보이지 않는 '통합'이 가능하다. 자존심과 여론에 휩쓸리지 않고, 주도권을 잃지 않는다면 언제든 성장의 추진력을 받을 수 있게 된다.

미국과 중국의 패권전쟁 사이에 어쩔 줄 몰라 하는 우리나라도 마찬가지다. 선택을 강요받기보다 주도권을 되찾기 위한 노력을 해야 할 것이다.

편가르기를 영업의 수단으로 활용하는 미디어의 놀음에 우리가 휩쓸릴 필요는 없다. 안보를 생각하면 미국을 버릴 수 없고, 경제를 생각하면 중국을 버릴 수 없는 것이 우리의 현재 모습이다. 이는 마치 "엄마가 좋아? 아빠가 좋아?"라는 질문과 다를 바가 없다. 그렇다면 우리는 이 질문의 의도를 생각해볼 필요가 있다. 누구를 선택해도 아이는 미안함을 느낄 수밖에 없는데, 그 원인은 우리가 주도권을 갖고 있지 못해서이다.

그렇다면 "둘 다 좋아"라는 중립적 자세만을 고집해야 할까? 이런 식으로 주도권을 되찾아보자. "흠… 둘 중 하나를 선택해야만 한다면, 지금부터 나에게 잘 하는지 보고 선택할 거야. 이제 시작!" 주도권을 아이에게로 끌어온 경우라 할 수 있다.

이미 국가안보의 영향을 행사하는 미국에게는 경제적인 이점을 얻어내는 것이 필요하고, 이미 경제적 관계가 정착된 중국에게는 조금 더 한반도 안보문제를 관리해줄 수 있도록 이끄는 것이 중요하다. 우리가 꼭 선택을 해야만 할 이유는 없다. 우리가 살아온 세상은 이렇게 바뀌어가고 있다.

주린이를 위한 투자전략

세계를 지배하는 주요 열강들과의 외교문제는 안보와 경제 모든 측면에서 중요한 문제일 수밖에 없다. 하지만 세계경제가 오랜 시간 공을 들여 만들어둔 '세계화'의 틀이 사상누각처럼 붕괴될 가능성도 크지 않다. 보이지 않는 장벽이 무너질 때 엄청난 성장의 기회로 탈바꿈할 수 있다는 것을 기억하자.

불평등 해소를 위해 노력할 때
성장과 미래가 있다

알 수 없는 변화의 방향, 그리고 속도를 느낄 수 있게 되면 우리가 존재하는 시공간이 어떤 미래를 향해 가는지 알 수 없게 된다. 더 나아가, 변화의 양적 크기가 너무 크다면 미래를 전망할 때 현재와 과거를 비교하기보다는 새로운 표준이나 기준을 찾고 기본적인 틀이 바뀌었음을 먼저 인지하는 것이 필요할 수 있다.

우리는 지난 몇 년 동안 전통적 경제학 이론에서 벗어나는 금리, 물가 환경과 함께하고 있다. 이론에서 벗어나는 현상이 자주 등장하니 우리는 '뉴노멀New Normal'이란 용어를 써왔고, 코로나19 전염병이 가져온 세상의 엄청난 변화와 직면하며 '넥스트 노멀Next Normal'을 고민하고 있다.

과연 정상적 환경이란 존재할까? 사회를 구성하는 다수의 동의에 의해 움직이는 정상적인 경제환경이라고 해도 경제와 제도, 문화 등의 작은 문제를 완벽히 해결하지는 못하고 있다.

사회가 품고 있는 구조적인 문제를 해결하기 위해서는 철저한 준비와 신속한 대응이 필요한데, 준비과정에서 생물처럼 움직이는 사회와 경제는 또 다른 문제를 양산하며 변질된 문제를 만들어낸다. 2020년에도 코로나19가 기습적인 충격을 가져와 모든 사람들은 당황하며 앞으로의 변화에 불안해하고 있다.

앞으로 변화되는 경제와 사회를 예측하는 데 너무 많은 시나리오가 만들어진다면 차라리 과거로부터 이어지는 시간의 연결고리를 잠시 끊어보는 것도 나쁘지 않다. 과거의 상식적인 환경을 잊고 새로움을 찾는다면 앞으로 나아가야 할 '정상'을 새롭게 정의 내릴 수 있다.

세계경제포럼WEF이 최근 아젠다로 제시하고 있는 '그레이트 리셋 The Great Reset'도 같은 움직임이라 볼 수 있다. 세계경제를 '초기화'시키는 것만이 정답은 아닐 것이다. 우리가 기대하는 '리셋'된 경제가 기존의 구조적 문제를 해결하고, 한층 업그레이드 된 투자환경일 것이란 꿈을 갖는 것이다. 필자가 이 책의 키워드로 뽑은 '리셋 버튼'도 새로운 경제환경을 보게 될 것이란 의미가 반영되어 있다.

코로나19로 인해 세계경제는 어떻게 변할 것인가? 아니, 리셋(초기화)되고 보여지는 첫 화면은 예전과 같을까, 다를까?

지난 반년 동안의 시간에 독자들이 경험했을 것만 생각해봐도 이전과 상당한 차이를 확인할 수 있다. 펜데믹 상황에 정부와 관리당국이 우왕좌왕하는 모습을 여과 없이 드러내고 있다. 국가별로 동일하게 적용된 전염병 문제를 어떻게 관리, 감독하느냐에 따라 가까운 미래의 나라별 경제상황은 서로 다른 모습일 것이다.

이 문제를 어떻게 통제하느냐에 따라 세계 각국은 서로 다른 출발선에 서게 될 것이다.

이제 새롭게 출발하는 상황에서 우선적으로 바뀌어야 할 것에 대해 생각해보면, 세계경제가 오랜 시간 해결하지 못하고 있던 '불평등'의 문제다.

'불평등 해소'란 키워드를 뽑아낸 것은 발터 샤이델의 저서 『불평등의 역사』를 탐독하면서였다. 그는 많은 사람들이 평화롭다고 믿고 지내는 사회가 가장 불평등이 심화되는 사회이며 역사적으로 폭력적인 사건(전쟁, 혁명, 치명적인 전염병 등)에 의해 사회에 누적된 불평등이 해소되는 시간을 겪었다고 주장했다. '과연 민주주의 사회에 무슨 불평등이 존재할 수 있는가'라고 생각할 수 있다.

하지만 샤이델은 공격적인 분배활동을 강화하지 않고서는 모두가 평등한 행복을 누릴 수 없고, 중세시대까지 지속되어온 계급사회라는 불평등이 자본주의로 탈바꿈되어 조금 약화되었을 뿐 근본적인 해결책을 찾지 못하고 있음을 주장하고 있다. 따라서 코로나19라는 폭력적인 사건은 미국과 중국 중심으로 세계경제가 재편되고 다른 국가는 양국 중 선택에 내몰리는 상황에서 변화를 가져올 수 있는 중요한 사건이 될 수 있음을 생각해볼 필요가 있다.

그렇다면 역사적으로 폭력적인 사건은 구체적으로 어떤 불평등 해소에 도움을 주었을까?

먼저 전염병으로 인해 대재앙을 겪었던 흑사병을 예로 들 수 있다. 중세 유럽을 붕괴시킬 정도로 강한 충격을 주었던 흑사병은 정확히 기술할 수 없으나 유럽 인구의 1/3이 사망했을 만큼 방역 및 치료가 준비되어 있지 않은 중세 인류에 재앙에 가까운 사건이었다. 많은 사람들이 저항도 하지 못하고 운명을 달리하게 된 것은 슬프지만 이 사건을 계기로 사람, 즉 노동력의 가치를 다시 생각해볼 수 있는 기회가 되었다.

계급사회가 지배해온 수백 년의 역사가 전염병의 등장만으로 농업과 가축을 기르기 위해 노동의 대가를 지불해야 하는 명분을 쌓아준 것이다. 그래서 흑사병이 출몰한 이후 중세 유럽에서는 인본주의와 자본주의가 탄생할 수 있었으며, 노동계급의 소득 증가가 한층 윤택한 소비를 이끌어내 르네상스 시대가 시작될 수 있었던 배경이 된 것이다. 경제적 부와 인권의 불평등을 해결하는 데 흑사병이 기여한 것으로 볼 수 있다.

인류가 경험한 전쟁은 경제적 불평등을 더욱 악화시켰다. 중세 이후 크고 작은 전쟁에서 승리한 서구 열강들은 식민지를 기반으로 후세의 자녀들이 누릴 수 있는 엄청난 부를 누적시켜왔다. 1·2차 세계

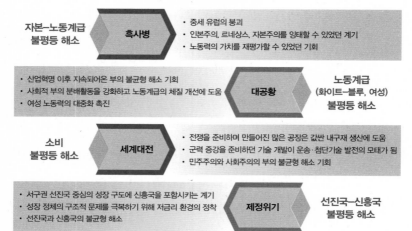

폭력적 사건에 의한 불평등의 해소

자본–노동계급
불평등 해소 | **흑사병** | • 중세 유럽의 붕괴
• 인본주의, 르네상스, 자본주의를 잉태할 수 있었던 계기
• 노동력의 가치를 재평가할 수 있었던 기회

• 산업혁명 이후 지속되어온 부의 불균형 해소 기회
• 사회적 부의 분배활동을 강화하고 노동계급의 체질 개선에 도움
• 여성 노동력의 대중화 촉진 | **대공황** | 노동계급
(화이트–블루, 여성)
불평등 해소

소비
불평등 해소 | **세계대전** | • 전쟁을 준비하며 만들어진 많은 공장은 값싼 내구재 생산에 도움
• 군력 증강을 준비하던 기술 개발이 운송·첨단기술 발전의 모태가 됨
• 민주주의와 사회주의의 부의 불균형 해소 기회

• 서구권 선진국 중심의 성장 구도에 신흥국을 포함시키는 계기
• 성장 정체의 구조적 문제를 극복하기 위해 저금리 환경의 정착
• 선진국과 신흥국의 불균형 해소 | **제정위기** | 선진국–신흥국
불평등 해소

출처 : 교보증권

대전 역시 크게 다르지 않다. 두 차례의 세계대전 이후 세계경제는 유럽에서 미국으로 중심축을 바꾸어 지금까지 이어오고 있다.

그렇다면 세계대전이 가져온 불평등의 해소는 과연 무엇이었을까? 전쟁에서 승리하기 위해서는 많은 준비가 필요했다. 새로운 무기를 양산하기 위한 과학기술과 이 과학기술을 무기화하고 쓸 수 있게 만드는 실용화 과정, 그리고 대량생산을 통해 전쟁의 물적 지원을 강화하는 등 다양한 조건이 충족되어야 했다. 세계대전을 치르면서 전쟁에 참여했던 나라들은 수많은 공장을 세워야 했고, 이 공장에서 일하는 노동자들은 전쟁의 피해와 달리 소득을 증가시킬 수 있는 기회를 잡을 수 있었다.

수많은 공장들이 전쟁이 끝난 후 내구재와 생필품을 생산하는 제조업으로 전환되었다. 생활이 어려운 시간을 보냈으나 생산라인이 준비되어 있던 탓에 대량생산 체제를 갖춘 제조업은 수많은 일자리를 창출하고 값싼 제품을 시장에 공급할 수 있는 능력을 가질 수 있었다.

시간이 지나 넘쳐나는 선진국의 양질의 제품은 구매능력이 점진적으로 강해지는 신흥국으로 수출되기 시작했고, 이를 기반으로 발전해온 신흥국은 공장을 세우고 다시 선진국에 값싼 제품을 팔 수 있는 기회를 가지게 되었다. 즉 전쟁이 가져온 역사적 고통은 쉽게 치유할 수 없겠지만 전쟁 이전과 비교해 많은 사람들이 값싼 제품을 소비할 수 있는 기회를 갖게 되었고, 삶의 질이 조금 더 나아지는 불평등이 해소되는 계기가 되었다.

코로나19 이슈는 어떤 불평등을 해소할까?

이처럼 흑사병과 전쟁으로 대표되는 폭력적 사건이 각각 경제적 부와 소비의 불평등을 해소할 수 있게 된 계기가 되었다. 그렇다면 현재의 코로나19는 경제와 사회의 어떤 불평등을 바꿀 수 있는 발판이 되어줄까?

코로나19 이후에도 자본주의 시스템의 허점이라 볼 수 있는 경제적 부의 불평등을 해결하는 데는 상당한 시간이 걸릴 것이다. 물론 경제적 부의 불평등을 해결하는 데도 코로나19가 영향을 끼칠 것이다.

경기침체 충격이 발생했고, 이 문제를 수습하기 위해 글로벌 정부는 확장적인 통화정책과 공격적인 재정정책을 동시에 가동중에 있다. 언젠가 코로나19 문제가 약화되고 경제가 정상단계에 진입했다고 가정할 때 기하급수적으로 증가한 재정적자를 메꾸기 위한 정책 변화는 불가피할 것으로 보인다.

일자리 회복이 이전과 같지 않다는 가정을 한다면 글로벌 정부는 기업과 상위계층을 대상으로 공격적인 세금정책을 전개할 가능성이 크고, 이는 코로나19 이후의 잠재적 불안요소가 될 수 있을 것이다.

납세자의 조세저항은 지극히 자연스러운 반응으로, 상위계층에 대한 공격은 시차를 두고 중산층 이후로 전파되는 양상을 보여줄 것이다. 이 과정을 혼선 없이 보낼 수 있다면 현재 누적된 경제적 부의 불평등도 완화되는 기회를 갖게 될 것이다. 물론 이론적으로 가능할 뿐 실현 가능성은 낮을 것으로 생각된다.

경제적 부의 불평등을 해결하는 것은 결코 쉽지 않다. 대중의 전폭적인 지지를 얻는 지도자조차 극복하기 힘든 혁명적인 대응이 필요한 문제다. 하지만 코로나19를 겪고 난 이후 소비의 '양'적 불평등의 해소보다 소비의 '질'적 불평등의 해소는 가능할 것으로 기대된다.

코로나19로 소비 불평등은 어느 정도 해소되었다고 생각된다. 우리의 소비형태를 되짚어보자. 한때는 해외 수입품을 사기 위해 웃돈을 주고 구매하던 시절도 있었고, 사치품을 구매하는 것을 사회적 성공으로 자랑삼을 만큼 눈에 보이는 차이가 있던 시절도 있었다. 하지만 지금은 마음에 드는 세계 어느 국가의 제품도 현지가격과 큰 차이가 없다. 때로는 더욱 값싼 조건으로 구매하는 일들이 벌어지고 있다.

지난 20년 동안 신흥국 경제권의 발전을 이루어내며 중국과 동남아 등 값싼 노동력을 기반으로 한 생산현장에서 공급해준 제품을 마음껏 쓰고 있던 것이 우리의 모습이다. 즉 재화의 공급과잉 상태가 극단적으로 바뀌지 않고서는 일반 재화의 소비는 디스토피아의 반열에 위치한 것으로 평가할 수 있다. 그런데 코로나19가 소비의 질적 차이를 발견할 수 있게 만든 계기가 된 것이다.

전쟁이나 자연재해가 발생한 것도 아닌데, 발생했다고 해도 일부 지역에 한정된 경제활동의 통제가, 모든 지역에 적용될 수 있는 사건은 쉽게 경험할 수 없던 일이다. 그런데 감염확산을 막기 위해 삶의 일부였던 직장·학교·종교시설 등에 대한 방문이 원칙적으로 차단되고, 행복감을 가져다주었던 식당·레저·여행 등이 개인의 선택과 달리 통제된 환경은 기초생활의 인프라가 갖춰졌는지 고민하게 만든 시험대가 된 것이다.

가장 발전된 국가라고 불리는 미국조차도 코로나19로 격리생활이 시작된 직후 대형마트의 생필품이 전부 사라지는 일을 겪었고, 전 세계 마스크가 동이나 대용품을 직접 만드는 웃픈 일까지 벌어지게 된 것이다. 아무도 예상하지 못한 질병으로 인한 결과만 볼 것이 아니라 기본적인 생활을 하는 데 분명한 차이가 있게 된 것을 주목할 필요가 있다.

한국의 경우를 살펴보자. 사회적 거리두기가 시작된 후 모든 매장과 식당에 사람이 많이 줄어들었으나 모바일 쇼핑과 각종 배달 서비스는 엄청난 특수를 누리고 있다. 우리는 이전부터 당연시 누려왔던 서비스였던 만큼 추가적인 대응이 필요 없다고 느낄 수 있으나 이를 부러워하는 나라의 입장에서 생각하면 어떨까? 당장 대응이 필요하다고 느낄 것이다.

혼자 보내는 시간이 늘면서 개인시간을 보다 가치 있게 만드는 욕구도 강해졌다. 음악과 영상 등 각종 미디어 콘텐츠에 대한 수요가 폭발적으로 증가했고, 기성세대가 즐겨봐온 〈무한도전〉과 〈개그콘서트〉 같은 TV 프로그램이 종영하는 것과 달리 유튜버의 인지도가 더욱 높아지는 변화도 경험하게 되었다.

시간이 조금 더 지난다면 집의 가치도 예전과는 달라질 것으로 생각된다. 어느 순간부터인가 집은 잠깐 머무는 공간으로 그친 때가 있었다. 열심히 일을 하다 보면 하루 24시간 중 집에서 보내는 시간은 10시간 미만에 불과했으나 앞으로 집에서 보내는 시간이 늘어날 경우 자연스럽게 집의 가치는 재평가될 가능성이 커질 것이다.

코로나19 팬데믹은
시장확대의 기회

이처럼 코로나19가 바꾸는 불평등의 해소는 당연하다고 받아들여 왔던 '서비스'의 불평등을 해소할 수 있는 기회가 왔다는 뜻으로 볼 수 있다. 미국과 유럽인이 누려왔던 양질의 서비스는 지구 반대편의 동양인도 혜택을 볼 수 있으며, 반대로 중국과 일본, 한국 등의 양질의 서비스는 거꾸로 미국과 유럽으로 역수출되는 기회를 갖게 된 것이다.

이 과정에서 정부의 제도적 규제에 대해 신경 쓸 수도 있다. 하지만 경제를 빨리 안정시켜야 할 정부 입장에서 과거처럼 막무가내 식의 규제카드를 꺼내는 것도 쉽지 않은 상황이라고 볼 수 있다.

결론적으로 코로나19란 폭력적 사건은 서비스 분야에 있어 불평등을 완화시켜줄 수 있는 길을 열어준 것이라 볼 수 있다. 주식시장에서도 투자자가 주목하는 언택트 관련 산업, 의료서비스, 각종 공공서비스와 관련된 모든 것은 성장의 기회가 열려 있고, 거기에 해당되는 사업 영역은 특정 지역에 한정되는 것이 아닌 글로벌 소비자 전체를 대상으로 발전의 기회를 찾는 출발선에 선 것으로 평가할 수 있다.

코로나19라는 질병은 지구촌 모든 인구의 생명을 위협하는 문제이고, 이를 해결하기 위해서는 동일한 보호를 받아야 한다. 평등이란 단어는 누구에게나 권리와 의무가 부여되는 것을 뜻한다. 따라서 평등을 위한 노력은 경제학 관점에서 볼 때 시장 확대의 기회라는 것을 기억해둘 필요가 있다.

 주린이를 위한 투자전략

불평등 해소가 특정 기업이나 개인에게 한정된 기회가 될 수 있다는 상황은 안타까운 일이다. 단, 분명 투자 아이디어가 될 수 있고, 앞으로 투자전략을 수립하는 데 있어 고민해야 할 상수인 것은 분명하다. 그보다 중요한 점은 이 변화의 중심에서 누구에게나 동일한 조건의 기회가 주어졌다는 것을 잊지 말아야 한다는 것이다.

RESET
BUTTON ON
WEALTH

코로나19로 침체에 빠진 세계경제는

빠른 정상화를 위해 모든 수단을 가동했다.

경기부양 정책이 가동된 후 빠른 회복만큼

이전 경제가 품고 있던 문제를 해결하기 위한 노력을 할 것이다.

또한 정부정책에 앞서 민간기업,

가계는 우리의 삶을 더욱 발전시키기 위해 노력하고 있다.

혁신을 찾는 노력과 투자는 세상의 리더가 될 수 있는 자격과 같다.

2장

업그레이드된
초기화 세상

양극화의 심화,
승자를 따르라

모든 사회 활동을 숫자로 나타내는 것이 곧 경제이다. 숫자의 변화
가 상승 또는 하락하는지에 따라 현재 사회의 경제상황에 대한 정의
를 내릴 수 있게 된다. 일정한 시간이 지나 경제상황을 진단하고, 현
재 시스템 하에서 문제를 해결함으로써 다음 세대가 더 나은 세상에
살 수 있도록 연구하고 발전시키도록 노력한다.

　앞서 '불평등의 역사'에서도 언급했지만 사회구성원 모두가 행복
할 수 있는 환경이 만들어질 수 있다면 가장 이상적이겠지만 그런
사회는 현재 지구상에 존재하지 않는다. 똑같은 경제환경을 살아가
면서도 누군가는 경제적 풍요로움을 누리고 있으나 어딘가에서는
자본주의가 낳은 모든 불행을 온몸으로 체감하고, 불공평한 사회를

비난하며, 불행한 인생이 자신 탓인지 아니면 사회의 구조적 문제 때문인지 혼란스러워하며 지내고 있다.

코로나19가 새로운 경제 및 투자환경의 리셋버튼을 누르게 한다면 과연 우리 사회의 구조적 문제를 해결할 수 있을까?

먼저 자본주의의 가장 큰 문제 중 하나인 불평등, 즉 '양극화' 문제를 생각해보려고 한다. 앞서 지적했듯이 '현재'의 양극화 문제는 과거로부터 이어졌다는 것이 문제이다. 그리고 과거의 문제를 수습하기 위해 지금부터 미래의 정책을 바꾸려 하다 보니 사회적 갈등과 분열을 초래하게 된다.

양극화 문제를 해결하기 위해 가장 이상적인 분배활동은 무엇일까? 리셋 버튼을 눌러 과거의 문제를 뒤로하고, 미래의 부를 대상으로 분배활동을 고민하는 자세가 요구된다.

지금까지 실수를 반복한 분배활동에 대해 생각해보자. 양극화 문제를 해결하기 위한 정부의 정책 방향은 정권을 쟁취하는 정당의 이념적 성향에 영향을 받게 된다. 그런데 분배활동이 효과를 내기 위해서는 상당히 오랜 시간이 걸릴 수밖에 없는데, 정권은 영원히 지속되지 않고, 시간에 따라 바뀌는 일이 자주 발생한다. 따라서 정책의 실효성에 의문을 갖고 있다 보니 양극화 문제의 해결과정에서 피해의식을 느끼게 될 기존의 기득권층은 강력한 저항을 하게 된다. 이 같은 상황을 반복하다 보면 사공이 많은 배가 산으로 가듯이 잘못된 방향으로 흐르게 된다.

법적으로 문제가 있는 과거문제를 그냥 넘길 수만은 없다. 하지만 현재 시점에서 위법한 대응이었다고 해서 과거에 적법한 경제활동을 했던 것을 소급해 규제를 한다는 것은 더 큰 혼란을 야기할 가능성이 크다. 따라서 과거를 뒤로하고 앞으로 예측 가능한 생산·소득 활동에서 창출되는 가치가 사회 구성원에게 고르게 배분되고, 경제가 한층 발전할 수 있도록 유도하는 것이 중요하다.

뜬금없이 양극화와 분배활동의 원칙을 얘기하려 하는 것은 코로나19 등장 이후의 세계경제는 양극화의 문제와 직면할 가능성이 크기 때문이다. 지난 20년간 세계경제는 신흥국과 선진국의 양극화를 경험해왔다. 밀레니엄 시대가 시작된 후 세계경제는 선진국에서 신흥국으로 중심축이 이동을 해왔다. 과거 공장에서 밤을 새워가며 일을 하던 신흥국 근로자는 경제력이 강화된 후 선진국의 중산층과 다를 바 없이 엄청난 소비와 투자활동을 이어왔다. 왕성한 경제활동이 강화되자 신흥국 소비자가 선진국을 먹여 살리는 상황으로까지 이어지게 되었다.

금융위기 이후로는 이미 모든 이가 알다시피 미국을 중심으로 세계경제가 발전해 다시 성장의 중심축이 미국으로 이동했다. 그렇다고 해서 신흥국 소비자가 과거로 돌아가지는 않았다. 양측 경제는 균형을 맞춰가며 공동 번영을 해온 것으로 볼 수 있다.

그런데 코로나19로 인한 경기침체를 통과하는 현재, 선진국과 신흥국에는 동일한 침체 충격이 가해졌다. 선진국은 오랜 시간 경기호황을 누려왔던 탓에 당장은 충격이 제한된 것처럼 보이지만 경제가 정상단계에 도달할 수 있는 충분한 일자리를 확보하지 못하고 있으며, 침체된 내수경제의 활력을 가져다줄 수 있는 신흥국 소비자를 당분간 만나기 어려워졌다. 신흥국도 분명히 고용불안과 소득 감소라는 문제를 안고 있는데, 코로나19 이전의 초과했던 소비활동의 절제가 비자발적으로 가능해지며 경기침체를 버틸 수 있는 힘과 시간을 벌어주고 있다. 만약 코로나19가 1년 내에 해결되지 않고, 2년 이상 지속된다고 가정하면 선진국과 신흥국의 양극화는 심화될 가능성이 크다.

지역경제의 양극화도 눈여겨봐야 할 이슈인데, 또 하나 주목해야 할 것은 정부와 기업 사이의 양극화다. 정부의 권력과 기업의 경제력은 서로 성격이 다르기 때문에 직접적인 비교가 어려울 수 있다. 그렇다면 정부와 기업의 재무환경에 대한 비교로 설명을 해보자.

정부와 기업의 양극화, 무게중심은 기업 쪽으로

코로나19 경기침체가 정부와 기업 재무제표에 동일한 충격을 주었다. 정부는 경기침체 충격을 제한하기 위해 국채를 발행해 막대한 유동성을 경제에 공급하고 경제활동 주체가 정상적인 경제활동을 이어갈 수 있도록 환경을 만들어주고 있다. 정부가 사회적 의무를 충실히 이행한다고 볼 수 있는데, 문제는 정부의 부채가 미래세대에는 상당한 걸림돌이 될 수 있다는 것이다. 코로나19 문제를 수습하기까지 사회구성원은 정부의 재정활동을 적극 지지할 수 있겠으나 미래세대가 같은 생각을 할 것인지는 알 수 없다.

기업도 코로나19의 등장으로 재무상황이 악화되었다. 다행히 중앙은행의 확장적 통화정책의 도움으로 금융비용의 부담을 줄이고, 비생산적 요소를 특별한 저항 없이 줄여가며 펀더멘털이 정상단계에 진입하는 상황을 기다리고 있다. 일정 시간이 지나 코로나19 문제가 수습될 경우 기업은 엄청난 사회적 부를 흡수해 지금보다 월등히 우수한 재무제표를 갖게 될 것이다.

그렇다면 정부와 기업의 재무환경의 양극화는 어떤 상황을 만들게 될까? 정부는 기업에 대한 사회적 공헌을 요구할 것이고, 기업은 이에 상당한 저항을 보이게 될 것이다. 과거와 달리 정부의 권한이 약해지는 상황에 있다면 오히려 기업은 정부를 통제하려 하는 주객이 전도되는 상황에 내몰릴 가능성이 크다.

코로나19가 누른 리셋 버튼으로 양극화가 더욱 심화될 가능성을 기억해야 한다. 또한 자본력과 산업 지배력이 강한 글로벌 기업이 세계경제를 통제할 수 있는 능력이 더욱 강화될 여지가 있다.

양극화 문제를 당장 해결하기 어렵다면 투자자 관점에서 생각해볼 필요가 있다. 당장 양극화의 '승리자'에 대해 관심이 더욱 커진다.

사회 시스템이 발전하면서 양극화 문제가 해결되어야 한다는 주장은 옳다. 하지만 투자의 관점에서 보면 시스템을 좌지우지할 수 있는 양극화 전쟁에서의 승리자Winner의 투자매력이 패배자Loser보다 훨씬 높다는 것에 주목해야 한다.

언젠가는 양극화가 완화될 것이라는 이상적 목표를 갖고 있다고 해서 지금 당장 투자대상이 생기는 것을 무시하고 있을 수는 없다. 지금 현재 모습만을 보아도 그렇다. 코로나19 관련 사망자 수가 크게 늘어나고 있지만 투자자는 수혜산업, 수혜기업에 대한 관심을 더 크게 가지고 있지 않은가? 투자라는 행위를 통해 인간이 가지고 있는 차가운 공격본능을 확인할 수 있다.

주린이를 위한 투자전략

특정 투자자산이 나홀로 독주를 하게 된다면 얼마나 상대적 박탈감을 느끼게 될까? 박탈감의 크기가 클수록 제도를 비판하고, 독주하는 자산을 끌어내리기 위한 주장을 펼치게 될 것이다. 그런데 양극화 문제를 해결하기 위해서는 오랜 시간과 많은 노력이 필요하다. 그 기간 동안 방관할 수만은 없다. 투자는 그만큼 냉정한 경제활동이다.

밸류체인의 이동 때문에
규모의 경제에서 범위의 경제로

코로나19 확산이 시작된 후 우리의 생활은 정말 많은 변화를 겪게 되었다. 대면활동에 의한 접촉이 전염병 감염의 가장 큰 문제로 지적되면서 이를 막기 위한 사회적 거리두기가 시작되었다. 그리고 이로 인해 금욕적인 환경이 조성되었다.

경제활동은 사회적 관계가 확대되는 상황에서 창출되는데, 사람을 직접 만날 수 없다는 것이 엄청난 제약이 될 것으로 보았다. 하지만 국경 사이의 왕래가 중단된 이후로도 교역상황은 이전과 똑같지는 않지만 단절되지 않고 있으며, 생필품을 구매하는 것 역시 꼭 매장을 방문하지 않더라도 양질의 제품을 집에서 직접 받아볼 수 있는 환경이 구축되었다.

질병 감염에서 취약한 계층 중 하나인 학생들도 온라인 수업 등을 통해 학업을 이어가고 있다. 물론 수업 및 학업평가가 예전 같지 않다는 점은 보완해야 할 것으로 보이지만 새로운 환경을 만들어간다는 점에서 인상 깊다고 보여진다.

과연 코로나19가 등장하지 않았다면 이런 변화가 가능했을까? 코로나19가 누른 리셋 버튼 중 '밸류체인의 이동'은 '초기화 버튼'이라기보다 패러다임 시프트 속도를 더욱 높인 '강화 버튼'의 의미가 더 크다고 볼 수 있다.

세계경제는 금융위기 직후엔 큰 변화를 찾지 못했다. 침체에 빠졌던 경제가 정상으로 복귀되자 에너지와 원자재 등 수요활동에 영향을 받는 가격변수가 상승하고, 물가 상승요인이 강화되자 소비가 자극받는 과거 경제의 순환적 모습을 재발견하는 정도에 그쳤다.

그런데 경제상황이 안정단계에 도달했지만 저금리 환경이 바뀌지 않자 미국을 대표하는 성장산업이 실물경제에 정착하는 속도가 더욱 빨라지는 것을 확인할 수 있었다. 구글은 2006년에 유튜브를 약 16억 달러에 인수했고, 페이스북은 2012년에 인스타그램을 10억 달러를 들여 인수했다.

미국 성장산업이 공격적으로 외형을 확대하는 것이 단순히 유동성이 풍부해서인지, 그리고 인수 후 성과를 얻는 데 얼마만큼 시간이 걸릴지 낙관하는 이들은 많지 않았다. 하지만 플랫폼 기업이 만든 새로운 생태계는 우리의 생활을 뒤바꾸는 데 성공하게 되었고,

세계경제는 이제 과거와는 완전히 다른 시대로 흘러가고 있음을 느낄 수 있었다.

규모의 경제로
성장이 가능했던 이전 사회

과거 세계경제는 규모의 경제를 중심으로 성장 전략을 꾸려왔다. 특정분야에 뛰어든 기업들은 공격적인 마케팅 전략을 통해 우선적으로 시장을 선점하려는 노력을 했다. 그렇게 치열한 경쟁을 통해 시장 지배력을 강화한 이후로는 이익을 극대화시키기 위한 노력을 하

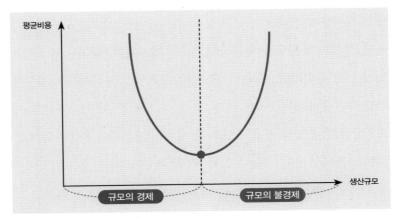

평균비용 변화에 따른 규모의 경제와 규모의 불경제

출처 : 교보증권

게 된다.

　이는 더 많은 시장을 개척하고, 효율적인 생산환경을 구축한 후 대량 생산체계를 완성해 이익을 증가하는 전략이다. 생산 원재료, 노동비용 등 한계평균비용이 상승해 규모의 불경제가 발생하기 전까지 생산량을 늘리면 기업이익을 최대로 증가시키는 성공 공식을 꾸준히 이행해왔다.

　규모의 경제는 금융위기 이후로도 효과를 보는 듯했다. 금융위기 이전까지 폭발적인 경제성장을 이룬 중국경제의 성장이 둔화되어 인플레이션 리스크가 완화되고, 미국의 셰일 혁명과 함께 에너지 공급과잉이 저물가 환경을 조성하며 생산비용이 증가하는 부담을 줄일 수 있게 되었다고 판단했다.

　생산비용 측면에서 생각하면 문제가 될 것이 없었으나 공교롭게도 저물가 위험이 지속되자 수요 측면의 소비심리가 위축되는 부작용을 경험하게 되었다.

　이는 기업이 제품을 공급하려 할 때 '재고관리'에 대한 중요성을 느낄 수 있게 되었고, 효율적 재고관리에 활용된 빅데이터와 플랫폼 기술기반 등은 기업의 생산성을 높일 수 있다는 데 중요한 힌트가 되어주었다. 이런 변화를 겪으며 경제의 성장전략이 자연스럽게 규모의 경제에서 범위의 경제로 이동하게 되었다.

범위의 경제로
시스템이 전환되다

규모의 경제와 범위의 경제는 무엇이 다른 걸까? 이 2가지의 차이점에 대해 간단히 설명하면 다음과 같다.

규모의 경제가 특정 재화를 상자에 담아서 팔리지 않을 때까지 생산하는 것을 지향하는 것이라면, 범위의 경제는 소비자에게 제공되는 상자 안에 소비자가 요구하는 다양한 재화를 빈틈없이 채워서 상자의 단위당 제작비용을 최소화해 이익을 극대화시키는 것을 뜻한다.

규모의 경제가 다양한 제품을 마켓에 늘어놓고 방문한 소비자가

규모의 경제와 범위의 경제의 차이점

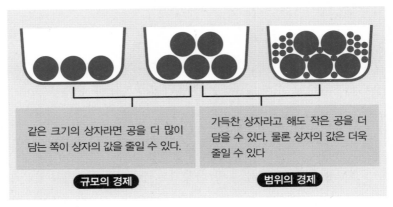

같은 크기의 상자라면 공을 더 많이 담는 쪽이 상자의 값을 줄일 수 있다.

가득찬 상자라고 해도 작은 공을 더 담을 수 있다. 물론 상자의 값은 더욱 줄일 수 있다

규모의 경제   **범위의 경제**

출처 : Google, 교보증권

선택할 때까지 방치하는 조금 소극적인 판매활동을 하는 것이라면, 범위의 경제는 소비자의 과거 기록, 소비성향, 소비능력 등을 파악해 능동적으로 소비자가 선택할 수밖에 없도록 만든다는 차이를 가지고 있다.

인터넷 시대를 지나 모바일 혁명이 우리 생활에 침투한 후 유통환경이 혁신적으로 바뀌었다는 것이 범위의 경제를 배경으로 한 플랫폼 경제가 정착되도록 도움을 주었다.

쉬운 예를 들어본다면, 필요한 제품을 구매하기 위해 온라인 판매 사이트를 방문하게 되면 소비자가 원하는 제품을 검색하고 선택한 이후에도 이전에 판매되었던 리스트를 보여줌으로써 소비를 자극하는 것을 유도한다.

또한 플랫폼을 구축한 기업은 소비자와 생산자의 중간 마진을 제거해서 소비자와 생산자 양측 모두가 만족할 수 있게 되는 환경을 만들어주었다.

예를 들면 가끔 농산물이 풍년을 기록하면 가격이 떨어져 밭을 갈아엎는다는 뉴스를 볼 때가 있다. 그런데 마트에 방문을 하면 전혀 가격이 하락한 것을 느끼지 못할 때가 허다하다. 도매상, 소매상을 거치면서 불필요한 비용을 발생시키는 것이 소매가격 상승으로 이어졌던 것이다.

그런데 최근에는 SNS 등을 활용해 생산자가 직접 소비자와 연결되어 양질의 제품을 직접 구매할 수 있는 유통환경이 조성되었다.

코로나19가 등장하면서 소비환경과 습관을 모두 바꾸는 강화 버튼을 누르게 된 것이다. 코로나19라는 재앙은 기회의 또다른 이름이기도 하다.

주린이를 위한 투자전략

규모의 경제는 이제 멸종되어 갈까? 돈을 벌 수 있다면 많은 비용을 부담하고 시장을 개척하는 것이 정답이 아니란 것을 알게 되었다. 규모의 경제는 멸종되어 간다기보다 진화될 가능성이 크다. 경제 생태계를 바꾸고 있는 플랫폼 기업들은 일정 단계에 들어서면 가치 창출을 위한 규모의 경제로 접근을 하게 될 것이다. 이때 전통 산업과의 공존 방법을 논의하기 시작할 것이다.

스마일 곡선으로
이해하는 밸류체인

대만 PC기업 에이서ACER의 창립자 스탠 쉰Stan Shin은 재화의 제작과 생산, 유통의 과정에 있어 무조건 양질의 제품을 값싸게 만들어 비싸게 파는 제조업의 가치가 점진적으로 바뀔 것임을 예상했다.

과거에는 제품개발, 마케팅, 유통채널이 중요하다는 것은 인정하면서도 너무 많은 비용이 투여된다는 관점에서 가치를 인정받지 못하는 시절이 있었다. 제품개발이 많은 투자비용을 지불하면 독점적 지위를 누려야 손익분기에 도달할 수 있으나 경쟁과정에 있어 제품복제가 수월해지면서 혁신적인 제품을 만들기보다 혁신제품을 빨리 복제하는 미투전략이 오히려 효과적이라는 인식이 많았다.

스마일 곡선이란
무엇인가?

마케팅과 유통채널에 있어서는 독점적 횡포에 부담을 느껴왔다. 재화를 판매하기 위한 지역이 한정되어 있거나 유통채널이 제한되어 그들이 요구하는 각종 비용을 울며 겨자먹기 식으로 지불해야만 하는 상황이 가치를 하락시키는 원인이 되었다.

규모의 경제를 바탕에 둔 밸류체인은 다른 기업과의 무한경쟁, 유통과정에서 수익성을 악화시키는 비용발생, 개선되지 않는 이익마진 등 기업경영을 지속하고 있으나 화를 더욱 키우는 앵그리 곡선을

스마일 곡선과 밸류체인의 이동

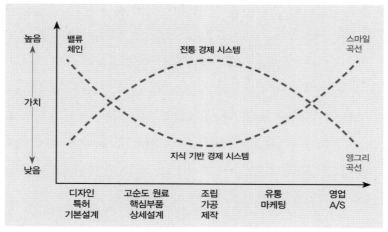

출처 : 교보증권

형성해왔다.

그런데 현재는 혁신적 기초기술이 특허 및 기술사용료와 같은 법적 장치로 인해 보호받는 시대가 되었다. 또한 TV 광고나 백화점 등 마케팅 및 유통채널이 한정된 상황에서 모바일, SNS 등을 활용해 더 큰 효과를 얻는 변화를 보이고 있다.

혁신적 기초기술로 인해 가치를 인정받고 있는 경우는 테슬라를 예로 들 수 있다. 완성차 산업은 미래기술 구현을 위해 전기차에 대한 연구를 해온 것이 맞지만 당장 이익을 창출하기 쉽지 않다는 점과 기존 산업을 줄여야 한다는 모순된 상황에서 적극적인 개발의지를 보이지 못했다. 2003년 테슬라의 등장과 함께 수년째 도전과 실패를 반복하는 모습을 보면서 테슬라의 가치는 혁신기업으로 인정받기보다 사기꾼에 가깝다는 비난을 들어야만 했다.

하지만 20년도 되지 않아 전기차의 보급과 확장적으로 자율주행 기술을 도입함으로써 완성차의 핵심 기술을 기존 기업들도 배워야 할 만큼 산업의 판도를 바꿀 수 있는 가치로 인정받고 있다. 당장은 전기차에 한정된 테슬라의 기초기술이 먼 미래에 배터리로 움직일 수 있는 모든 운송수단에 적용될 수 있다. 테슬라의 엄청난 주가상승은 이런 가치를 반영하는 것으로 풀이된다.

마케팅과 유통도 다르지 않다. 운송과 유통산업은 시장경제가 정상적으로 운영되기 위한 필수환경이라고 볼 수 있다. 하지만 재화를 판매하기 위해 매장을 마련하고, 판매를 도울 직원을 채용하는 과정을 건너뛰고, 생산된 재화를 소비자에게 직접 공급할 수 있는 판매 채널이 완성된 이후로는 유통마진을 개선시켜 가격 경쟁력이 높은 재화를 공급할 수 있게 된 것이다.

이들이 경쟁체제로 가게 된다면 더욱 재화의 판매가격은 하락할 수 있게 되고, 소비자가 합리적인 선택을 결정하는 일만 남게 된다. 플랫폼 경제가 제품의 생산 및 판매 공정의 가치를 변화시켰고, 우리는 그 중심에 서 있다.

앞으로 도래할
또 한 번의 혁신

코로나19가 누른 리셋 버튼은 글로벌 밸류체인을 웃게 만들었다. 생산환경을 최대한 효율적으로 운영하고, 경쟁제품과 차별화를 강조할 수 있는 아이템 개발, 소비자가 언제 어디서나 손쉽게 접할 수 있는 유통환경 구축 등이 기업가치를 산출하는 데 더욱 높은 가치로 인정해줄 수 있는 스마일 곡선을 그리게 만들었다.

현재 밸류체인에 대해 설명 가능한 스마일 곡선은 시간이 지나 또한 번의 혁신을 이루어낼 수 있다. 차별화된 디자인, 혁신적인 기술을 확보한 기업은 코로나19에 따른 경기침체로 당분간은 친화적 자금조달 환경이 지속될 것인데, 이를 바탕으로 직접 생산과 매출을 목표로 발전해나갈 가능성이 크다.

유통망의 혁신을 가져온 마케팅 역시 리테일 중심의 관계망을 활용한 서비스를 벗어나 산업과 기업 네트워크의 중심역할을 담당하게 될 것이다. 나아가 우리 사회의 공적 서비스의 일부를 담당하며 사회에 소속된 모든 경제활동 주체가 참여할 수밖에 없는 의무적 플랫폼을 완성하는 최종목표를 완성할지 모른다.

지금의 코로나19 팬데믹 상황만 보아도 쉽게 이해할 수 있다. 폐쇄된 공간에서 전염병의 감염 위험이 높은 매장의 경우 QR 코드를 활용해 매장의 방문사실을 기록하는 활동을 하고 있다.

코로나19 문제가 없었다면 개인정보 활용과 같은 기본적 문제와 충돌해 실생활에 활용되기 어려운 문제가 너무도 쉽게 허용되고 정착되어 가는 것을 눈으로 확인할 수 있다. 앞으로 재택 업무활동이 보편화되고, 출장을 포함한 대외활동에 의무적으로 기록을 남기는 업무가 정착된다면 노동 생산성을 한층 업그레이드시켜 기업의 비용관리가 더욱 효과적인 시너지를 낼 수 있는 미래를 향해 우리는 다가서고 있는 것이다.

코로나19 발병에서 시작된 팬데믹 상황은 사회와 보건뿐만 아니라 경제의 구조적 환경을 신속하게 발전시키는 가속 버튼을 누르게 되었다. '혁신'은 사회 구성원의 공감대가 형성되지 않고서는 급진론자가 주장하는 소수의 의견에 그칠 수 있다.

정책 담당자의 논의와 협의의 과정을 건너뛰고 가계와 기업의 협력 및 공조가 구축된 새로운 기준의 설정은 우선은 따라 가야 할 새로운 방향이라 믿는 것이 필요하다.

　물론 시간이 지나 혁신 과정에서 소외되고 외면당하는 계층이 생겨날 것이다. 하지만 세상은 작은 그늘보다 밝은 세상을 위해 한 걸음 내딛었고, 우리는 새로운 빛을 향하는 그 뒤를 따라야 할 것이다.

주린이를 위한 투자전략

기업이 수익을 내는 공식은 '매출증가'가 가장 중요하다고 인식되어왔다. 하지만 매출을 증가시키기 위해 부담해야 할 각종 비용문제가 수익성의 문제를 일으켰다. 수익에 마이너스가 되는 요소를 혁신적으로 감소시킬 수 있는 방법을 터득한 산업과 기업이 있다면 가장 유망한 투자대상이 될 수 있다.

부지런 경제에서
게으름 경제로의 전환

한국을 표현하는 여러 키워드 중에서 가장 먼저 떠오르는 단어는 '빨리'인 것 같다. 경제뿐만 아니라 사회 전체 분위기에서 '빨리빨리'를 느낄 수밖에 없는 것은 우리 사회구성원 모두가 치열한 '경쟁'의 무대에 서 있고, 성공을 목적으로 한 활동을 해온 영향이 크다고 생각된다.

물론 특유의 빨리빨리 문화가 현재 한국의 경제적 성공에 모티브가 되었던 것은 분명하다. 경쟁력 있는 자원이 부족한 나라에서 근면성실하고 누구보다 열심히 노력하려 하는 인적 자원을 바탕으로 지금의 경제상황을 이끈 이전 세대의 노고에 대한 고마움을 잊을 수 없을 것 같다.

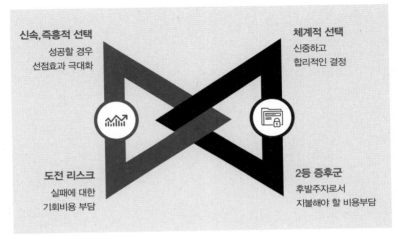

퍼스트 무버와 패스트 팔로워의 차이

신속, 즉흥적 선택
성공할 경우
선점효과 극대화

체계적 선택
신중하고
합리적인 결정

도전 리스크
실패에 대한
기회비용 부담

2등 증후군
후발주자로서
지불해야 할 비용부담

출처 : 교보증권

성공을 목표로 한 한국인의 노력은 그동안 효과를 보기에 충분했다. 경제가 발전하며 축적된 자본을 활용해 전 세계 인구가 찾는 제품을 생산할 수 있게 되었다는 것이 얼마만큼 놀라운 일인지 젊은 세대는 잘 모를 것이다.

물론 세계경제의 지난 성장 환경과 잘 맞아 떨어진 측면도 있을 것이다. 한국은 지리적으로 극동아시아 분쟁의 최중심에 위치해 있다는 단점도 있지만 그만큼 미국의 동맹국으로서 중요한 입지에 있다는 것을 최대한 활용해왔다. 만약 과거 한국경제의 성장모델을 지금의 세계경제 환경에서 똑같이 따라 하려는 국가가 있다면 과연 성공할 수 있을지 의문이다.

빨리빨리 경제모형은 선진경제와 격차를 최대한 좁히고, 성장 과정에서 축적되는 자본이 신속하게 재투자되어 지속적인 성장을 이끌 수 있다는 점에서 긍정적이다. 또한 빠른 투자가 성과를 보일 경우 개척한 시장에서 선점효과를 모두 흡수할 수 있다는 점에서 긍정적이라 볼 수 있다.

물론 퍼스트 무버가 항상 좋은 것은 아니다. 즉 시장을 개척한다는 것은 성공을 보장받은 상황이 아니라는 뜻이다. 만약 시장조사가 정확히 이루어지 않은 상황에서 무리하게 투자했다가는 치명적인 경제적 충격을 줄 수 있고, 새로운 기회를 박탈당하는 함정에 빠질 수도 있다.

느림의 미학,
실수를 줄이는 것이 더 낫다

————

코로나19가 누른 리셋 버튼은 한국경제와 우리의 삶에 대해서 되돌아볼 수 있게 만들었다. 생산적인 휴식과 일시적인 멈춤을 나태한 게으름의 핑계라고 생각했던 사회 인식을 바꾸기 시작한 것이다. 코로나19 이후 변화된 모습을 살펴보면 다음과 같다.

첫째, 재택근무가 가능해진 점이다. 전염병의 감염 경로를 파악하기 힘들어지면서 방역단계가 높아질 경우 재택근무가 보편화되는 변화를 보였다. 처음 재택근무를 시작할 때만 해도 근로자의 마음속에는 '편하게 집에서 쉴 수 있는가' 정도로 생각했지만 재택근무 시스템은 근로자가 꼭 사무실 책상에 있지 않아도 업무 성격에 따라 동일한 효과를 낼 수 있다는 것이 확인되었다. 또한 상당한 시간을 출퇴근 시간에 소모하던 측정이 힘든 문제를 단숨에 해결해 근로자의 생산성을 높인 것은 대단히 중요한 요소로 지적될 수 있다.

둘째, 아프면 쉬어야 한다는 것이다. 물론 코로나19 감염확산 이전에도 아프면 쉴 수 있다는 제도는 마련되어 있었다. 하지만 그 정도가 심각하지 않다면 아파도 직장에서, 학교에서 시간을 보내는 것이 남들과의 경쟁에서 뒤처지지 않는 '의무'라고 생각한 경우가 많았다. 하지만 코로나19 이후 자신뿐만 아니라 같은 공간의 조직원의 건강 및 안전을 생각해서 쉬는 것이 오히려 조직에 도움을 주는 것이라는 공감대가 형성되었다.

셋째, 미래를 준비하는 자세가 바뀌었다는 점이다. 요즘 젊은 세대에서는 워라밸, 욜로 등 현재를 만끽하며 개인이 추구하는 가치를 만족해하는 문화가 자리를 잡고 있었다. 각종 '포기자'가 늘어나며 현재 주어진 자신의 위치를 파악하고 행복을 추구하는 것이 필요하다는 의미에서 이런 문화가 확산되었다.

그런데 이 현상을 다르게 생각하면 미래에 대한 준비가 전혀 되지 않는다는 것을 뜻한다. 현재의 행복을 추구하기 위해 미래의 행복 자산을 희생하는 것은 조급한 소비문화의 영향일 수도 있다.

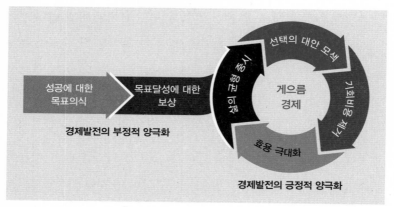

부지런 경제에서 게으름 경제로의 전환

성공에 대한
목표의식

목표달성에 대한
보상

경제발전의 부정적 양극화

게으름
경제

선택의 대안 모색

행동의 자유시간

효용 극대화

기회비용 재고

경제발전의 긍정적 양극화

출처 : 교보증권

여전히 많은 사람들은 가까운 행복을 추구하고 미래의 자산을 희생하는 경향이 있으나 코로나19가 확대된 후엔 전부는 아니겠지만 저축을 포함해 미래의 행복을 추구할 수 있는 기회가 생겨나고 있다. 요즘 젊은 세대를 중심으로 활발한 투자 문화가 확산되는 것에서 변화를 느낄 수가 있다.

경제적 성공을 보장받을 수 있었던 '부지런 경제'는 나쁘지 않았다. 성공적 결과에 대한 대외 평가는 열심히 일한 것에 대한 성취감과 만족을 느낄 수 있게 해주었다. 그런데 코로나19가 누른 리셋 버튼으로 인해 남들보다 앞서 달려왔던 것이 그렇게 큰 차이를 만든 것은 아니란 사실을 조금씩 느끼게 만들고 있다.

오히려 멈추고 생각해보니 조금 늦었을지는 모르지만 무분별하게 지출되어왔던 각종 비용을 제거하고 가장 합리적이고 생산적인 결과를 도출하는 것이 더 낫다는 판단으로 기울어져 가고 있는 것이다. 단기성과를 이루는 과정에서 약점과 빈틈을 만드는 것이 미래세대에게 부담을 지우는 문제가 될 수 있다는 것을 조금씩 느껴가고 있다.

코로나19 감염 문제를 가깝게 체감할 수 있는 시점부터 세계경제가 그린경제에 대한 관심을 높이는 것도 전혀 이상하지 않다. 우리가 걱정했던 미래의 문제가 현실이 될 수 있다는 것을 인식하고나서부터 현재의 문제를 해결하는 것이 미래를 개척해 나아가는 방법임을 깨닫기 시작한 것이다.

한국의 부지런 경제가 몸에 배인 것처럼 한때는 중국의 게으른 경제, 즉 '만만디漫漫的'에 대해 부정적이고 낙후된 문화라고 지적한 적이 있다. 그런데 요즘 중국의 만만디 문화가 장기적인 안목으로 정책을 수행하는 과정에서 발생 가능한 문제를 사전에 차단하는 꼼꼼한 문화로 바뀌어가는 것도 느낄 수 있다.

미래를 바라보는 인지거리를 어떻게 설정하느냐에 따라 현재의 경제활동은 시간이 지난 후에 다르게 평가받을 수 있다는 뜻이 된다. 코로나19가 누른 리셋 버튼, 이 버튼은 앞으로 우리가 마주하게 될 미래의 시간이 다르게 흐를 수 있다는 것을 알려주는 신호일지 모른다.

우리는 현재 저성장 시대에 살고 있다. 우리 부모세대 때와 같이 세계경제가 매일 발전하는 시기에는 열심히 일하면 성공할 수 있다는 공식이 적중했었다. 하지만 지금과 같은 저성장 시대에는 근로소득만으로 미래를 준비하는 것은 부족하다. 우리가 보유한 자산, 자본이 생물처럼 번식할 수 있도록 기회를 열어주는 것이 곧 투자활동이다.

주린이를 위한 투자전략

코로나19 문제는 최대한 빨리 해결되는 것이 중요하다. 하지만 다음 경제 주도권을 잡기 위해 정책이행을 무리하게 빨리 해서는 안 된다. 새로운 경제환경이 기존 시스템에 정착되기 위해서는 사회적 약자에 대한 배려, 공생 등의 문제를 해결해야 한다. 이를 미리 고민하지 않는다면 상당한 역풍을 맞게 될 수 있다.

집단경제에서
개인경제 시대로의 전환

많은 사람들이 좋아하는 영화나 드라마, 소설에는 반드시 주인공이 있다. '주인공'의 사전적 의미를 찾아보면 "시나리오의 중심이 되거나 주도적 역할을 맡은 사람"을 뜻한다. 주인공을 영어사전에서 찾아보면, 남자 주인공은 'Hero', 여자 주인공은 'Heroine'이라고 하는데, 사전적으로 우리말의 의미는 '영웅'이다.

필자가 살아온 시대의 영화를 보면 지구를 구하는 영웅은 오직 단 한 명만 존재한다. 절대적인 힘을 가지고 있던 슈퍼맨을 대표적인 예로 생각해볼 수 있다. 절대적 능력을 가진 인물 하나가 전 세계의 운명을 결정지을 수 있다는 것을 보여준다.

그런데 요즘 개봉했던 영화를 보면 어떠한가? 과거처럼 특별한 능력을 가진 인물이 세상을 구원하는 시나리오가 있기는 하지만 절대적으로 영웅 한 명에 의존하지 않고, 다수의 Hero, Heroine이 등장하는 것을 볼 수 있다.

세계경제는 수많은 국가의 경제활동에 따라 발전하고 쇠퇴하는 역사를 반복해왔다. 이 과정에서 미국과 유럽, 최근에 들어서는 중국 등 절대적인 권력을 가져가는 나라에 의존하며 발전해왔다. 광범위한 국가라는 개념에서 벗어나 기업의 중심에서 생각하면 글로벌 기업, 대기업 등 세계경제의 변화에 절대적인 영향력을 행사할 수 있는 소수의 기업 중심으로 집단 또는 단체 중심의 발전을 해온 것이다.

물론 당장 현재와 같은 집단경제 중심의 틀이 빠르게 바뀔 것이라 생각하지는 않는다. 하지만 코로나19가 누른 리셋 버튼에 의해 경쟁에 대한 방식이 조금씩 바뀌어갈 가능성이 크다.

세계경제가 지금까지 성장해 오며 수많은 시스템과 제도, 관습 등이 만들어졌다. 세계경제를 주무르는 특정 주체(국가 또는 기업)는 사회 구성원이 동의함에 따라 시장을 형성하고 통제하며 경쟁을 관리해왔다. 일부 감독당국과 사회단체들은 이들에게 저항하고 균형을 되찾는 노력을 해왔으나 제대로 된 결과를 얻어내지는 못했다.

개인 중심의 경제성장이
가지는 의미

팬데믹 선언 이후 세상은 많이 바뀌었고, 지금 변화된 세상의 모습이 앞으로 계속될지는 알 수 없다. 하지만 2020년의 변화에서 확실히 포착할 수 있는 점은 변화의 주체가 '집단-단체'에서 '개인'으로 이동했다는 것이다.

유튜브가 얼마나 빠른 속도로 기존의 미디어 환경을 잠식하고 대체하는지 확인했다. 또한 사회에 진출하기 전까지 진부한 교육환경에서 포괄적 지식을 배워왔던 사람들이 그동안 개별적으로 축적된 지식을 개인의 역량에 따라 전 세계 사용자와 공유하고 공유한 가치를 사회가 정한 경제적 가치로 보상하는 관계가 정착되어가고 있다.

개인의 발전된 경제활동에 대해 집단과 단체는 마땅히 제지할 근거를 찾지 못하는 것도 신기한 점이다. 기업에 소속된 근로자가 업무 이외의 경제적 활동을 하는 것은 여전히 근로기준을 벗어나는 행위인 것은 분명하지만 개인의 자유로운 취미활동이 될 수 있다는 점에서 규제 강도는 충분히 낮아졌다.

더 나아가 일부 사람의 경우는 본업이었던 직장을 그만두고 크리에이터를 본업으로 삼는 경우도 늘고 있다. 과연 이런 변화는 일시적인 유행일 뿐일까?

세계경제는 1인 생산성을 지속적으로 높여왔다. 회사에서 업무를 수행하는 데 있어 학력의 기준이 높아지고, 이들의 임금이 꾸준히 상승하기 시작해 기업은 생산성에 대한 중요함을 무시할 수 없게 되었다. 또한 업무활동의 전산화와 자동화가 빠른 속도로 정착하기 시작하며 1인 생산성은 더욱 높아질 수밖에 없었다.

물론 이에 따른 부작용도 존재한다. 새로운 일자리를 찾는 것이 어려워졌다는 점, 기성세대의 퇴장이 미뤄질수록 사회 진입세대의 일자리 찾기는 더욱 힘들어진다는 문제도 드러나고 있다.

어쨌든 1인 생산성이 지속적으로 상승한 것은 다행스럽지만 문제는 생산성 높은 1인이 활동하는 국가와 사회, 기업의 성장이 멈추기 시작했다는 점이다. 인간이 경제활동을 열심히 하려는 것은 더 나은 미래의 생활을 위한 정확한 목적의식이 있다.

상대적으로 높은 임금과 처우가 있다고 평가받을지 모르지만 모든 근로자는 자신이 임금보다 더 많은 일을 하고 있다고 생각한다. 그런데 임금을 지급하는 기업의 성장이 제한된다면 생산성이 높은 개인은 더 높은 목적지에 도달하기 위해 과감한 경제활동과 투자활동을 수행하게 된다. 이 같은 변화로 인해 최근 수많은 크리에이터가 시장에 등장하고, 변화된 환경에 적응하지 못한 기존의 전문가 집단이 시장에서 퇴장하는 변화를 경험하고 있는 것이다.

거시적 관점에서 생각하면 코로나19가 누른 리셋 버튼은 국가와 사회, 기업 등 여러 단체의 위기관리 능력에 대한 시험무대가 되었다. 그리고 다른 한편에서는 살아가기 힘든 세상을 이겨낼 수 있는 강력한 '개인'을 선별하는 촉매제가 된 것이다.

현재 개인의 경쟁에서 살아남은 생존자는 당분간 세상을 쥐락펴락할 수 있는 파워를 가지게 될 수 있다. 그 사실을 많은 사람이 깨닫게 된다면? 지금보다 더욱 공격적인 활동을 통해 성장을 쟁취하려 할 것이다. 아직 변화의 초입단계에 우리 모두는 서 있다.

주린이를 위한 투자전략

세계적으로 1인 노동 생산성이 꾸준히 상승하는 것은 기업이 지향하는 빅데이터, 인공지능(AI), 스마트 팩토리 등 자동화의 도입 노력에서부터 시작된다. 정말 먼 미래에 개인의 일자리는 극단적으로 줄어들 가능성이 있다. 하지만 정책을 결정하는 정부가 기업만큼 소중히 생각하는 것이 납세자이다. 지금은 개인의 역량을 호의적으로 평가해주는 시대라는 점만 생각하자.

발전된 경제환경과 투자기회를 찾기 위해서
변화를 맞이할 준비가 되어 있는지 점검해야 한다.
한국경제는 경쟁국가의 장점을 빠르게 흡수해 경제발전을 이루어왔다.
하지만 저성장 위험이 계속되는 현재 상황은 우리가 인지하지 못하는
구조적 한계가 힘을 키워가고 있음을 느낄 수 있다.
한국경제와 한국 주식시장의 고유한 특징을 점검해보자.

3장

RESET
BUTTON ON
WEALTH

한국은 리셋된 투자환경에
얼마나 준비되어 있나

코리아 디스카운트의
원인 4가지

한국 주식시장에 몸을 담은 지도 어느덧 20년의 시간이 흘렀다. 강산이 두 번 변할 만큼 오랜 시간이 흘렀지만 아직도 시장분석을 하려 할 때 듣게 되는 것은 바로 한국 주식시장은 지나치게 저평가되어 있다는 이른바 '코리아 디스카운트'이다. 도대체 강산이 두 번 바뀔 만큼 오랜 시간을 보내는 동안 우리는 왜 저평가 문제를 해결하지 못한 것일까?

한국사회와 한국경제는 분명히 발전했다. 옛날처럼 먹고사는 것을 어려워하지 않고, 사회인프라·교육·안보·치안 등 어느 선진국과 견주어도 빠지는 것이 없을 만큼 발전을 거듭해온 것을 우리 스스로도 느낄 수 있다.

그런데 한국 주식시장에 대한 평가만 야박한 이유는 무엇일까? 이쯤에서는 우리 스스로 저평가에 대한 결론을 내리고 있는 것은 아닐지 의문을 갖게 한다.

조금 더 객관적인 판단을 하기 위해 2010년 〈코리아타임스Korea Times〉에 실린 스티븐 헤크먼Stephen G. Heckman 교수가 제시한 코리아 디스카운트의 4가지 이유를 필자의 시각에서 점검해보려고 한다.

지정학적 리스크, 절대적 디스카운트 원인은 아니다

첫째, 한국증시의 디스카운트 원인은 우리가 흔히 들어왔던 지정학적 리스크이다.

세계 유일의 분단국가이며, 휴전국가인 한국에 대해 '전쟁'이란 디스카운트가 남아 있다는 것이다. 우리는 북한의 정권이 세 차례 교체되는 모습을 보며 이들의 동향을 예의주시하고 앞으로 한반도 정세의 변화에 대해 신경을 쓰고 있다. 조금이라도 북한에서 과격한 행동 및 발언이 나올 때면 주식시장뿐만 아니라 환율을 포함해 모든 금융시장이 요동을 쳐 여전히 지정학적 리스크의 영향이 크다는 해석을 내놓고 있다.

지난 2년 사이 한반도 정세의 변화에 따라 기대감이 커졌던 것도 사실이다. 문재인 대통령과 김정은 위원장의 판문점 회담, 미국 대통령으로는 처음으로 트럼프 대통령과 김정은 위원장의 싱가포르·하노이 회담 등이 개최되어 종전선언에 대한 기대까지 해본 것은 해묵은 코리아 디스카운트의 원인 중 하나가 제거될 수 있겠다는 희망을 가져본 것이다. 2020년 3월 이후 코로나19 감염확산 문제가 글로벌 외교환경을 스톱시킨 탓에 최근에는 다시 경색국면에 진입한 반응을 보이고 있다.

그런데 여기서 주목할 점이 있다. 과연 한반도 정세, 남북관계의 변화가 우리 기업가치에 산술적으로 얼만큼 영향을 주었는지는 추산하기 쉽지 않다는 것이다.

주식시장은 기업의 영업가치, 성장가치를 반영해 가치가 결정된다. 그런데 남북관계가 경색된다고 해서 우리나라의 수출이 부정적인 영향을 받았을까? 남북 간 군사적인 충돌이 몇 차례 있었을 때 국내에서 일부 생필품에 대한 사재기 현상이 있었던 적은 있으나 한국경제에 직접적인 영향을 주었던 적은 없었다. 즉 지정학적 리스크에 대한 문제는 국제외교에 있어 언제든지 등장 가능한 하나의 '소음'일 뿐이지, 주식시장의 본질적 가치를 훼손시키는 '상수'로 평가하는 것은 어렵다.

물론 미래의 남북관계의 변화에 따라 영향이 전혀 없다고 볼 수는 없다. 만약 북한의 핵보유 선언 및 군사적 충돌 위험이 커질 경우 안보와 관련된 정부예산 추가집행 등 국방예산에 대한 변화가 일부 기

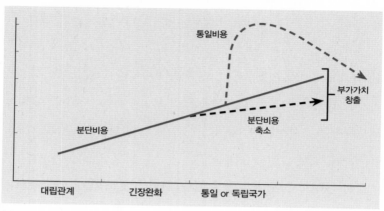

통일비용과 분단비용 발생의 후생적 효과

통일비용

부가가치
창출

분단비용

분단비용
축소

대립관계   긴장완화   통일 or 독립국가

출처 : 교보증권

회비용으로 인식될 수 있다.

반대로 남북관계가 평화로운 결실을 맺게 되어 한반도 통일에 가까워질 경우 막대한 통일비용을 준비해야 할 수도 있다. 물론 6·25전쟁 이후에 안보혈맹국에게 지불했던 막대한 안보비용을 아낄 수 있다고도 하지만 우리 미래세대에 엄청난 영향을 줄 수 있다는 점은 분명하다.

이처럼 지정학적 리스크를 산술적으로 추산해볼 수 있는 것은 맞다. 하지만 평시 상황에서도 항상 지정학적 리스크가 한국 주식시장의 가치를 훼손시키거나 저평가 상태로 붙잡아둔다는 것은 조금은 잘못된 지적이라고 생각한다.

신뢰할 수 없는 재무제표, 지배구조 때문?
모두가 주시하고 있어!

둘째, 기업의 재무제표를 신뢰할 수 없다는 지적이다.

1997년 외환위기를 겪으며 한국의 금융 및 기업경영의 구조적 시스템 문제를 파악했을 때는 분명 한국 기업의 재무제표에 대한 신뢰를 갖기가 쉽지 않았다. 정부가 지향하는 발전정책의 영향으로 재벌 중심의 한국기업은 외형성장을 멈출 수 없었고, 이 결과 대기업의 재무제표는 재생이 불가능한 지경에 이르렀다.

하지만 현재 한국기업의 재무상태는 국제회계 표준을 준수하고 있어 기업 투명성에 대한 문제를 디스카운트 원인으로 지적하는 것은 잘못된 지적이라고 생각된다. 물론 경영진이 관행을 이유로 투자자와 주주를 속이려 든다면 무슨 짓이든 할 수 있겠지만 이는 한국뿐만 아니라 도덕적이지 않은 모든 글로벌 기업에게 해당되는 문제라고 볼 수 있다.

여기서 또 지적할 수 있는 것은 재벌 중심의 지배구조 문제이다. 제왕적 기업지배 권력을 가진 특정 소수의 기업경영이 계열사 간 상호 지배구조 환경을 갖춰 아주 적은 지분으로 수백조의 기업의 권력을 쥐락펴락할 수 있는 것에 대한 지적이다.

다만 지배구조 문제에 있어서 감독당국은 세습경영에 대한 연결고리를 약화시키기 위한 노력을 하고 있고, 수십 년간 부를 축적한 재벌의 사회적 기여 및 부의 환원을 위해 각고의 노력을 하고 있다.

세습경영의 연결고리를 끊어 놓는 것이 기업가치를 높이는 데 얼마만큼 기여할 수 있을까? 이는 지금 당장 결론내리기 어려운 문제라고 생각된다.

노동자 및 서민의 입장에서는 '금수저'를 물고 태어난 경영 총수의 권력을 끌어내리는 것이 합리적이고 평등한 사회를 만들기 위해 필요하다고 할 수 있다. 하지만 한편으로는 기업성장의 목표를 약화시키고, 기업의 자주성을 잃어버리게 만드는 부작용을 일으킬 수 있다.

예를 들어, 세습경영을 막아 후계자의 권한을 없애고 전문 경영인의 도입을 정착시켰다고 생각해보자. 절대권력이란 기본적으로 사라지지 않고, 일시적으로 보이지 않을 경우에는 또 다른 새로운 권력의 등장을 예고할 따름이다. 전문 경영인은 기업을 경영하는 데 있어 합당한 대우를 받기를 원할 것이며, 성과를 높이기 위해 기업의 사회공헌보다 '이익'을 최우선으로 하는 다소 냉정한 의사결정을 하게 될 가능성이 크다.

당장 이익을 증가시키기 위해서는 성과 중심의 업무환경과 비효율적인 인적·물적 자산에 대한 절감 노력으로 의도치 않은 실업자와 파산기업을 양산하게 될지 모른다. 기업경영의 절대권력을 없앨 수 없다고 생각되면 권력을 사회적·도덕적으로 관리할 수 있는 환경을 만들어놓는 것으로 충분한 결실을 얻을 수 있다.

한국의 공기업이 민영화되며 기업가치가 발전하지 못하는 사례를 우리는 그간 너무 많이 보아왔다. 1990년대까지 한국의 대표기업 중 하나로 성장한 포스코, KT 등은 해당 분야의 절대지위를 누리며 현재까지 입지를 유지하고 있으나 더 이상 발전적인 모습을 찾아볼 수 없다. 중국과 인도 등 다른 성장 국가의 경쟁기업의 발전을 바라만 볼 뿐 경영진의 잦은 교체, 끊이지 않는 채용비리 등 불명예스러운 기록만을 쌓아두고 있는 것이다.

어쩌면 지배구조 문제는 코리아 디스카운트의 이유임과 동시에 한국경제가 빠른 속도로 발전할 수 있었던 프리미엄 요소 중의 하나였을지 모른다. 따라서 이에 대한 평가는 시간을 두고 생각해봐야 할 문제라고 생각된다.

발전해야 할 노사관계, 생산성 강화 시급

셋째, 한국기업의 생산성이 개선되지 않는다는 점이다.

기업은 사람으로 구성되어 있다. 기업에 소속된 근로자는 기업이 수익을 낼 수 있게 돕는 자원이면서, 사회구성원으로서 기업의 제품을 사주어야 할 소비자의 역할을 담당하고 있다. 기업의 수익을 주주와 함께 고생한 근로자와 공유해야 한다는 것은 당연하다.

기업의 성장이 지속되고 그 속도가 빠를 때는 문제가 되지 않는다. 문제는 기업이 성장을 멈추고, 상황에 따라서는 역성장하는 상황에서 발생한다는 것이다. 한국은 법리적인 계약관계만큼이나 관행과 사회적 합의를 중시하는 나라이다. 정情이라고 불리는 한국의 전통적인 정서는 사회적 관계를 부드럽게 만드는 데 도움을 주기도 하지만 어떤 때는 합리적이지 못한 나쁜 관습으로 불공정한 관계 및 이해충돌의 문제를 일으키기도 한다.

한국의 산업구조는 제조업을 기반에 두고 있다. 해외에서 원자재 또는 중간재를 수입해서 우리 기업이 확보한 기술과 노하우를 장착해 비싼 값에 다시 되파는 구조를 가지고 있다. 이런 상황에서 생산환경을 효율적으로 최적화시키지 못한다면 마진의 증가를 기대하는 것은 어렵다.

물론 한국경제의 역군으로서 활동한 기성세대의 희생에 대해 보상하는 것은 필요하다. 하지만 보상의 과정과 동시에 발전하지 못하는 생산환경을 개선시키고 노동자의 피해가 발생하지 않도록 만드는 생태환경의 진화가 필요한 시점이다.

노동환경의 발전이 후진적인 정치이념에 이용당하며 미래세대의 부담을 가중시키는 것은 잘못된 것이다. 이는 한국 주식시장의 명백한 디스카운트 원인 중 하나로, 앞으로 해결해나가야 할 숙제라고 생각된다.

한국이 저평가되어 있다면, 우리부터 사야 한다

넷째, 외국인의 주식보유 비중이다.

조금 의아한 지적으로 생각할 수 있다. 항상 한국 주식시장을 분석할 때면 '언제 외국인이 더 사줄 것인가'를 궁금해하는 투자자를 많이 만나보았다. 그런데 배부른 사람에게 진수성찬은 더 이상 식욕을 갖게 할 수 없듯이 현재 한국 주식시장에서는 외국인의 주식보유 비중이 너무 많다는 것을 생각해볼 필요가 있다.

주요국 주식시장에서 외국인의 주식보유 비중을 살펴보면 한국에

주요국 주식시장의 외국인 보유비중(2017)

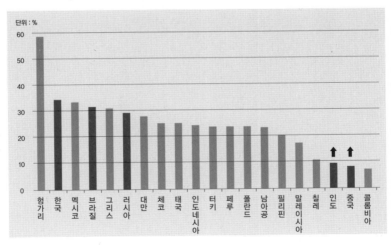

출처 : 국제금융센터(2017), 교보증권

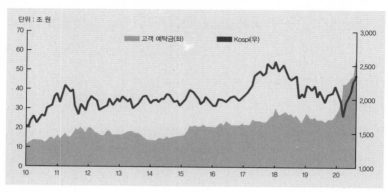

고객 예탁금과 코스피 추이

단위 : 조 원

고객 예탁금(좌)　　Kospi(우)

출처 : 교보증권

　서 외국인이 너무 많은 주식을 보유하고 있다. 한국의 주식이 저평가
되어 있다고 생각하면 왜 외국인이 먼저 사주기를 바라는 것일까?

　정말 좋은 투자자산이라면 우리가 먼저 갖고 있을 필요가 크다.
그런데 한국 주식에 대한 애정을 전혀 드러내지 않고 있으면서 남이
사주기를 바라는 것은 내심 자신의 보유주식을 높은 가격에 팔고 싶
어 하는 심리가 반영된 것으로 볼 수 있다. 다행히 이 문제는 최근에
해소되는 변화를 보이고 있다.

　2019년 말까지 25조 원을 밑돌았던 고객 예탁금은 어느덧 50조 원
을 상회하고 있다. 10년 만에 발생한 주식시장의 가파른 가격조정은
빠르게 회복되었고, 국내 금융시장에 대한 정책적 지원이 계속 추가
되고 있으며, 여기에 또 다른 투자자산의 한 축을 담당하는 부동산
시장이 강도 높은 규제에 막혀 있는 등 주식시장에 에너지가 재충전

되는 데 상당한 도움을 주고 있다.

언론에서는 '동학개미운동'이란 프레임을 씌워 개인 투자자의 직접 투자활동에 대해 말하고 있지만, 필자는 이 표현 자체를 싫어한다. 사실 '개미투자'라는 표현도 기득권 계층의 입장에서 본 부정적 의미가 짙다고 생각한다.

현재 개인 투자자의 활발한 투자활동은 제로금리 시대의 변화를 직접 체감하며 능동적인 경제활동 변화의 결과일 뿐 언론에서 말하는 투기적인 행위와는 분명한 차이가 있다.

주린이를 위한 투자전략

한국증시 디스카운트 원인에 대해서 4가지를 생각해보았다. 지정학적 리스크와 재무재표 신뢰, 지배구조 문제를 직접적인 디스카운트 원인이라 생각할 필요는 없다. 생산성이 저하된 기업의 생산 및 이익구조, 국내 유동성 보강을 신경 쓰지 않고 외국인 수급에 의지하려는 피동적인 자세 등을 해결하는 것이 한국 주식시장의 역사적 저평가를 해소할 수 있는 배경이 될 수 있다.

코리아 프리미엄을
갖기 위한 4가지 조건

'프리미엄'이란 무엇인가? 소유하고 싶은 대상의 가치에 대해 공급자의 기준과 수요자의 평가는 일치되기가 쉽지 않다. 대부분 공급자의 기준은 공급가격보다 재화의 가치가 훨씬 높다고 강조하며, 수요자는 반대의 경우가 대부분이다.

보통의 가격 결정과정에 있어 수요자 입장의 후한 평가가 있을 때 프리미엄 요소가 더해지는 것이 일반적이다. 조금 어렵게 돌려 말했지만 쉽게 말하면, 웃돈을 주고서도 살 수 있다는 마음을 소비자가 갖게 되는 것이 프리미엄의 실체이다.

우리는 앞서 한국 주식시장의 디스카운트 원인에 대해 점검을 해봤다. 그렇다면 한국주식이 프리미엄 요소를 갖기 위해서 필요한 것은

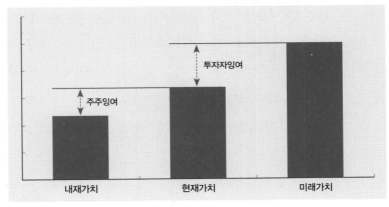

주가의 내재가치, 현재가치, 미래가치의 형성과정

투자잉여

주주잉여

내재가치   현재가치   미래가치

출처 : 교보증권

무엇일까? 필자는 다음과 같은 4가지 조건을 제시해보려고 한다.

첫째, 외부를 상대로 팔아도 될 만큼 가치 있는 시장을 만들고 포장하는 것이다.

국내 상장기업의 실적이 증가하고, 주주에게 후한 배당을 지급하는 알짜기업이 많다면 당연히 한국 주식시장의 프리미엄이 상승할 것이다. 이는 너무도 당연한 얘기이다. 그런데 한국주식에 대해 독보적인 투자매력을 글로벌 투자자는 많이 느끼지 못하고 있다. 이처럼 한국 주식시장이 독보적인 프리미엄을 갖지 못하는 이유는 한국 경제가 철저히 해외수출 등 대외 의존도가 높다 보니, 한국이 좋아질 정도면 다른 선진국 투자자산의 투자매력이 더욱 크게 오르는 데 문제가 있다.

또한 한국 자본시장의 크기가 상대적으로 작다는 것도 문제로 지적할 수 있다. 한국 주식시장의 시가총액은 명목GDP를 잘 넘어서지 못하고, 경기호황 및 증시활황에 따라 GDP를 초과하는 확장세를 보이고 나면 여지없이 몰락하는 일을 반복했던 적이 있다. 미국과 주요 유럽의 주식시장은 시가총액이 경제를 뛰어넘는 일이 비일비재한 것과 비교하면 왜 한국은 이처럼 한계가 있을 수밖에 없는지 안타까운 마음까지 든다.

그 이유는 주식시장에 한국산 주식만이 넘쳐나기 때문이다. 제도적인 측면에서 주식시장의 지위를 격상시키기 위해서는 한국 주식시장에 한국제품만 있다고 홍보할 것이 아니라 자금조달을 유치하려 하는 글로벌 기업의 상장을 지속적으로 추진하는 것이 필요하다.

이미 국내 투자자는 국내 기업의 성장성에 대해 회의적인 시각을 가지고 있고, 미국과 유럽 등 글로벌 기업에 대한 직접투자가 유행처럼 번지고 있다. 밖으로 유출되는 국내 자본을 국내에 잡아둘 수 있는 노력을 지속적으로 해야만 국내 증시의 재평가도 가능해질 것이다.

〈포춘〉500대 기업의 지난 10년간 동향을 살펴보면 세계 500대 기업의 한국기업 수는 전혀 변하지 않고 있다. 중국의 경우 미국·유럽 기업이 감소하는 만큼 글로벌 기업의 수가 증가하고 있는데, 미국은 중국과의 관계가 악화되는 상황에서도 중국기업의 뉴욕증권거래소 상장을 장려할 만큼 시장의 가치를 높이는 노력을 하고 있다.

한때 국내 주식시장에서도 중국기업의 상장이 유행처럼 확대되었

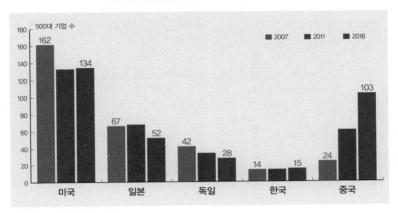

주요국 〈포춘〉 글로벌 500대 기업 수 동향

출처 : Fortune(2016)

던 경우는 있었지만 글로벌 기업과는 차이가 있는 경우가 대부분이었다. 한국시장에 고액 자산가를 유치하기 위해서는 그들이 원하는 믿을 만하고 희소성이 높은 상품을 많이 진열하는 작업을 해야 한다. 이것이 한국 주식시장의 프리미엄을 위한 첫걸음이다.

둘째, 국내 유동성 지원을 지속하고 강화해야 한다.

주식의 가격이 공급자와 수요자에 따라 결정된다고 생각하면 주가가 오르기 위해서 필요한 것은 수요자의 증가이다. 그런데 지난 10년간 한국 주식시장의 상황을 살펴보면 꾸준히 우량기업의 상장은 계속되고 있지만 고객 예탁금을 포함한 수요자 체력보강은 전혀 확인되지 않고 있다.

최근 극단적인 금리환경과 코로나19 경기침체 이후의 기대감으로 변화가 시작된 조짐을 보이고는 있다. 하지만 현재 주식시장의 유동성이 이탈되지 않고 계속 시장에 머무르기 위한 감독당국의 제도적 장치가 필요하다.

한국 주식시장이 기회를 잘 포착해야 수익을 얻을 수 있는 시장이라는 인식보다 중장기적으로 오래 머무를 때 그에 상응하는 보상이 있을 수 있다는 이미지를 지속적으로 투자자에게 알리는 것이 중요하다.

일부에서는 대주주 요건 강화 및 양도세 부과 등이 한국 주식시장에 독이 될 것이라고 걱정하며 문제를 제기하고 있다. 물론 세부적으로 수정·보완해야 할 점이 있을 수 있겠지만 이 모든 제도가 투자자가 수익을 낼 수 있다는 가정에서 출발한다면 나쁘다고 생각할 수만은 없다. 시장에 소속된 기업들의 노력도 필요하겠지만 거래소를 포함한 제도권에서 투자자를 위한 제도보완 및 안전장치를 마련하는 것이 절실하다.

셋째, 증가세를 보이는 디스카운트 산업에 대해 변화의 기회를 주는 것이다.

한국경제는 더 이상 1980~1990년대와 같은 고속성장을 이루어내기 힘들다. 그만큼 대기업 집단 중에는 성숙단계를 지나 쇠퇴를 막는 선에서 시간을 보내고 있는 산업과 기업의 수가 빠르게 증가하고 있다. 이처럼 디스카운트 산업 및 기업의 수가 증가할 경우 또한 주식시장의 프리미엄을 일부 산업(IT, 바이오 등)에게만 맡길 경우 자칫

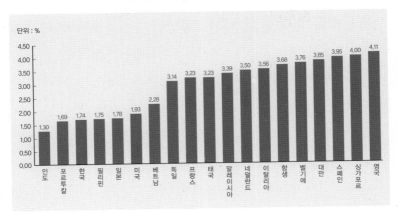

주요국 배당 수익률 변화(2019)

단위 : %

출처 : Bloomberg(2019), 교보증권

시장의 거품만 쉽게 생성되고, 버블이 꺼질 경우 그 피해를 시장 전
체가 감당해야 하는 문제점이 드러나게 된다. 따라서 디스카운트 산
업 및 기업에 대해 재평가가 이루어질 수 있는 장치와 여러 정책적
지원이 필요한 상황에 있다.

이들의 디스카운트 문제를 가장 쉽게 해결하기 위해서는 주주를
위한 파격적인 배당정책을 유도하는 것이 필요하다. 한국 상장기업
의 배당성향은 지속적으로 증가해왔고, 최근에는 국민연금을 중심
으로 주주의 배당요구에 기업이 화답하는 긍정적인 변화가 확인되
고 있다.

하지만 여전히 선진 주요국 증시와 비교해 만족스럽지 못한 배당
수익률을 기록하고 있어 적어도 최상위 수준으로 높이려는 노력을 해

야 한국 주식시장 전체의 프리미엄 요소가 강화될 수 있을 것이다.

물론 배당성향을 높이는 것만으로 한국증시 전체의 프리미엄을 상승시킬 수는 없을 것이다. 글로벌 경기상황이 어떨지 알 수 없는데, 단순히 시장의 가치를 바꾸기 위해 기업의 재무상황을 고려하지 않고 배당을 확대하는 것을 강요할 수만도 없기 때문이다.

그래서 필요한 것이 넷째로, 정부가 주도하는 중장기 플랜과 이를 실행하는 디스카운트 산업과 기업의 동참이다. 현재 디스카운트 산업을 예로 든다면 어떤 것들이 있을까? 산업 성장의 성숙단계에 있는 통신, 에너지, 유틸리티, 금융 등이 대표적인 경우라 볼 수 있다. 그런데 이들 산업은 거시적 환경과 해당 산업의 업황이 연동될 수밖에 없어 배당과 관련해서도 자유로울 수만은 없다.

또한 이들 기업의 상당수는 과거 민영화 과정을 거쳐 공기업의 영업활동을 수행하면서도 민간기업의 성장전략을 찾아야 하는 모순된 환경에 직면해 있다. 이미 과점적 지위를 가지고 있을 해당 산업의 1등 기업은 특별한 문제가 있지 않고서는 지속경영이 가능할 것이란 신뢰를 얻고 있다.

하지만 영업활동 측면에서는 글로벌 기업과의 경쟁, 내수경제의 구조적 한계와 마주하고 있는 어려운 위치에 서 있다. 그렇다면 이들에게 국가 또는 정부에서 추진하는 장기플랜과 관련된 미션에 참여시킴으로써 성숙기업이 한 번 더 도약할 수 있는 기회를 주는 것이 필요하다.

정부는 국가차원에서 발전·추진해야 할 사업이 있을 것이다. 그런데 이런 사업의 경우 민간기업 입장에서 생각하면 언제 성과를 낼지 알 수 없을뿐더러 이윤을 남기기 어렵다면 공격적인 투자를 결정하는 것도 어려울 것이다. 하지만 국가 차원에서 장기플랜을 가지고 투자를 해야 할 산업들(우주개발, 국민건강 관련, 저출산 문제해결, 교육사업 등)은 디스카운트 기업의 참여를 높여 새로운 성장엔진을 자체 제작·발전·강화시키는 기회를 주는 것이 투자자에게 재평가를 받게끔 만드는 계기가 될 수 있다.

물론 특정 기업에게 특혜가 되는 문제를 야기해서는 안 된다. 하지만 미래세대의 새로운 일자리와 경제적 자립을 위해 정부와 민간기업이 공동 대처한다는 노력을 보일 수만 있어도 국내 주식시장의 중장기 전망은 개선될 가능성이 크다.

주린이를 위한 투자전략

투자의 대상을 고르는 것이 힘들다면, 주변을 잘 살펴보자. 남들이 사려고 망설이는 대상이 시간이 지나도 희소성을 잃지 않을 대상인지 평가해보자. 비슷하거나 대체 가능한 것이라면 주변의 분위기에 휩쓸리는 것이고, 동의하지만 주저한다면 자신도 모르게 가동된 보수적인 자기합리화다.

잊지 말아야 할
한국 주식시장의 구조적 특징

주식시장은 경제의 그림자다. 경제는 투자자가 생각하는 것만큼 빠른 속도로 변하지 않는다. 경제의 절대적 규모가 작은 경우에는 글로벌 경제상황, 정부정책에 따라 역동적인 변화가 있을 수 있겠지만 일정 단계에 도달한 이후로는 경제의 속도는 느려질 수밖에 없다.

정적인 이미지가 강해진 경제와 대조적으로 주식시장은 투자자의 심리를 즉각적으로 반영한다. 때론 경제라는 실체와 비교해 짧은 그림자가 생겨날 수도 있고, 때로는 경제와 비교해 아주 긴 그림자가 만들어질 수도 있다. 주식시장을 경제의 그림자로 비유해 조금 우회적으로 표현했지만 짧고 긴 그림자라는 시간과 상대 개념의 평가는 주식시장에 대한 저평가, 고평가를 뜻하는 것과 다르지 않다.

한국에서 태어나 역사를 배우고 삶의 터전을 마련한 사람으로서 자연스럽게 한국의 모든 것에 대해 우호적인 평가를 내릴 수밖에 없다. 자기 주택을 보유하고 매도 의사가 없는 사람이 과연 부동산 시장을 비관적으로 전망할 수 있겠는가.

그런데 한국 주식시장을 평가하고 전망하며, 투자전략을 수립해 실제 투자로 이어지는 결정을 하기 위해서는 한국 주식시장의 특성을 조금 더 이해하는 것이 중요하다. 현재까지 필자가 경험한 한국 주식시장의 특성은 크게 3가지로 요약할 수 있다.

코스피와 명목GDP가 수렴할 때를 경계하라

첫째, 한국 주식시장은 아직 경제를 뛰어넘지 못했다.

앞서 주식시장의 시가총액과 명목GDP와의 비교를 통한 버핏 인디케이터Buffet Indicator를 비교해 한국 주식시장의 프리미엄 조건을 설명했다. 투자의 현인 워런 버핏이 주식시장에 대한 가치평가에 활용해서 붙여진 경제지표로, 필자도 시장 전체의 가치평가를 하는 데 있어 중요하게 생각하는 바로미터로 활용하고 있다. 버핏 인디케이터를 활용해 한국 주식시장에 대해 살펴보자.

한국 주식시장이 역사적으로 디스카운트가 항상 존재했다는 것

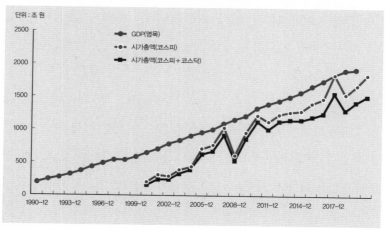

한국 명목GDP와 주식시장의 시가총액 추이

단위 : 조 원

- GDP(명목)
- 시가총액(코스피)
- 시가총액(코스피＋코스닥)

출처 : KRX, 교보증권

은 앞에서 계속 이야기를 해왔다. 디스카운트의 이유는 여러 가지가 있을 수 있지만 버핏 인디케이터를 기준으로 보면 한국 주식시장은 경제의 성장속도와 비교해 자본시장의 확장세가 늦었던 것을 알 수 있다. 물론 그 원인은 상장기업의 여러 디스카운트 요인에서 비롯된 것일 수도 있으나 한국 주식시장에서 장기투자의 성과가 좋을 수 있었던 것은 금융위기 이전까지는 주식시장의 잠재력이 컸던 것을 주목할 수 있다.

금융위기 이후로는 한국 주식시장의 특성이 조금 바뀌는 것을 확인할 수 있다. 명목GDP와 시가총액의 차이가 상당히 좁혀진 가운데 수렴과 확대가 반복되는 현상이 지금까지 이어지고 있다.

이 중에서도 가장 주목되는 것은 명목GDP와 주식시장의 시가총액이 수렴했던 시점이다. 첫 번째는 2007년, 두 번째는 2011년, 세 번째는 2017년이었다. 앞서 시가총액과 명목GDP가 수렴했던 세 번의 경우는 전부 한국 주식시장의 대세 고점Peak으로 평가되는 '넘사벽'이었다.

그렇다면 여기서 한국 주식시장의 2가지 특성을 이해할 수 있다.

첫 번째는, 한국경제가 구조적인 장기침체에 빠지지 않고서는 시가총액이 명목GDP 대비 크게 낮아지는 쇼크의 상황은 최적의 투자기회라는 점이다.

2020년 2분기 코로나19 팬데믹으로 인한 패닉상황에서 실물경제의 침체 위험이 있었으나 그 충격은 제한되고, 과도하게 하락한 주식시장은 가파른 상승세를 보인 것을 확인할 수 있다.

가까운 미래에 이런 현상이 또 발생할지는 잘 모르겠지만 한국 주식시장의 투자기회는 항상 존재한다는 것을 의미한다. 일부 비관론자 사이에서는 한국경제가 일본과 같은 장기불황에 빠진다면 앞선 투자공식이 맞지 않을 것이라고 우려하고 있다. 하지만 한국경제, 특히 산업의 특성을 고려할 때 한국경제의 구조적 침체위험은 생각보다 낮으며 일본과는 근본적인 차이가 있는 것으로 평가된다.

두 번째는, 주식시장 시가총액이 명목GDP에 수렴하면 위험관리에 신경을 써야 한다는 것이다. 과거 코스피가 대세 고점을 형성했을 때 주식시장이 약세국면에 진입하는 이유는 항상 있었다. 2008년 금융위기, 2011년 유럽 재정위기, 2017년 반도체 경기 둔화 및 미중 무역분쟁의 시작 등이다. 한편으로는 한국 주식시장이 정말 운이 없다고 생각할 수 있겠지만 한국을 포함해 글로벌 경제가 확장세를 이어가다 보면 경제 및 경제 외적 환경에 따라 저항요인이 등장하는 것을 경계할 필요가 있다.

현재도 코로나19 경기침체 문제를 극복하며 주식시장이 빠른 속도로 상승하고 있고, 중장기 전망에서 코스피가 2800P, 3000P라는 상징적인 목표 지수를 많은 전문가들이 말하고 있지만 희망지수를 목표지수로 포장하는 것은 잘못된 분석이다. 코스피 3000P는 얼마든지 오를 수 있다. 문제는 3000P에 안착하는 것이 정확히 '언제'인지를 제시하는 것이다.

3000P를 시가총액으로 환산해 이를 한국경제의 목표GDP라고 설정할 경우 한국경제는 지금보다 약 25% 정도 증가해야 한다. 한국경제가 연평균 3% 성장을 한다고 해도 약 8년의 시간이 걸릴 수 있는 높은 목표치이다.

저금리, 외국인 매수, 달러화 약세 등 가변적 환경의 변화에 따라 순간적으로 3000P를 터치할 수는 있다. 하지만 펀더멘털이 뒤따르지 않는 상황에서 반짝 랠리를 보이는 것은 2007년 때와 같은 치명적인 상처를 남길 수 있다는 것을 반드시 기억해야 한다.

한국 주식시장의 상승장 진입은
수출증가가 신호탄이다

둘째, 한국 주식시장은 곧 수출이라는 것이다.

한국경제는 과거와 비교해 교역환경 변화에 따른 민감도를 줄여가고 있다. 수출기업이 국내 생산을 통해 교역대상국에 수출하는 상황은 거시여건이 안정적일 때는 특별한 문제가 없지만 세계경제가 침체위험에 직면하면 수출을 준비해온 제품이 손실로 전환되며 기업의 생존을 위협했던 경우가 많았다.

여러 차례 경기침체 위험을 경험한 국내기업은 국내뿐만 아니라 생산기지를 다변화시켜 시장개척 및 재고관리에 효율을 높이는 체

코스피와 세계수출 변화율 추이

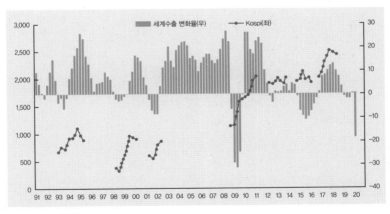

출처 : Wisefn, 교보증권

질 개선을 완성시켜왔다. 따라서 예전과 같이 환율 및 수요급감의 리스크가 완화되었고, 여전히 수출 모멘텀이 강화될 경우 상장기업의 이익이 동시에 증가해 주가상승에 모멘텀 지원이 가능한 공식을 이어가고 있다.

글로벌 교역량의 변화가 개선될 때 한국 주식시장은 어느 위치에 서있든지 상관 없이 상승추세가 강화되었던 것을 확인할 수 있고, 일평균 수출과 코스피 추이를 살펴봐도 상장기업의 실적개선을 낙관하며 주식시장의 상승 가능성에 베팅하기 위해서는 수출회복의 근거가 마련되어 있는지 반드시 점검해야 한다.

따라서 월초 발표되는 수출입 동향에 대한 관심이 중요하다. 또한 지난해 같은 기간과 비교하고, 주력 수출국과의 교역 현황 등 관련 데이터를 수집하는 것은 한국 주식시장의 위치와 방향을 찾는 데 있어 중요한 판단지표가 될 수 있다.

시장금리가 오를 때 한국증시는 상승국면이다

셋째, 한국 주식시장은 금리가 오를 때 상승장이다.

세 번째 특징을 들은 투자자라면 조금 의외라고 생각할 수도 있다. 전통적인 투자이론에서는 금리가 낮아져야 주식시장이 강세국면에 진입할 수 있다고 들어왔기 때문이다. 우리의 머릿속 깊이 박혀 있는 이 주장은 물론 틀린 것은 아니다. 하지만 필자는 강세장과 상승장의 정의가 다르다는 점부터 강조하고 싶다.

주식시장은 경제와 무관하게 오를 수 있다. 코로나19 경기침체 충격이 발생한 이후로도 실물경기 동향과 무관하게 글로벌 주식시장이 뜨겁게 달아오르는 것을 알 수 있다. 하지만 지금의 주가를 추세적인 상승이라고 말할 수 있을까?

정책금리와 정부정책, 일부 특정산업의 확장세 등에 따라 주식시장이 강세를 연출할 수 있겠지만 펀더멘털의 본질적 변화가 확인되기 전까지 원위치로 돌아갈 수 있다는 위험은 내포하고 있다. 즉 강세장은 순환적 정의가 담겨 있는 시장국면이라고 봐야 한다.

이와 반대로 상승장은 주가가 상승하며 기업의 실적증가를 동행하고, 거시환경도 확장세가 지속될 수 있다는 신뢰가 바탕이 되는 추세적 의미가 짙다고 볼 수 있다. 이러한 강세장이 과연 언제까지 지속될 수 있는지 항상 의문을 가질 수밖에 없지만 상승장이 시작된 경우에는 적어도 2년까지 확장국면이 이어질 수 있다는 믿음을 가질 수 있다.

이렇다 보니 한국 주식시장을 복기해보면 일정 시간 동안 투자자의 손실위험이 최소화되는 상승국면에는 채권금리가 오르는 경우가 대부분이었다는 것이다. 그렇다면 채권 수익률의 상승은 무엇을 뜻하는 걸까?

미국국채 10년 수익률과 코스피 추이

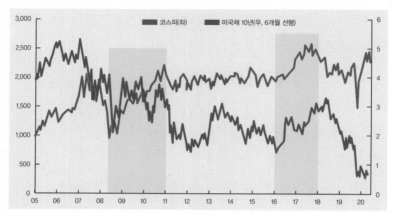

출처 : Bloomberg, 교보증권

　우선 경기침체 위험이 제거되었다는 것을 뜻한다. 침체위험이 상존한다면 시장금리가 오를 이유가 없다. 채권 수익률의 상승은 곧 정책금리가 경제 확장세를 조정하기 위해 통화정책의 변화가 있을 것임을 의미한다. 그래서 시장금리가 상승할 때 한국은 조금 더 안정적인 상승이 완만히 유지될 수 있는 특성을 가지고 있다.

　조금 더 의미를 찾아보면, 채권 수익률 상승과 동행하는 물가상승과도 같은 해석을 내릴 수 있다. 한국경제와 산업은 많은 노력에도 불구하고 여전히 제조업에 대한 의존도가 크다. 한국 제조산업은 이전과 비교해 고부가가치 산업을 발전시키고 있으나 여전히 중간재 수출 비중이 높다.

　한국 수출산업의 특성이 대외적으로 원자재 및 중간재를 수입하고 여기에 부가가치를 더해 매출을 늘리는 방식을 이어오는 만큼 세계경제의 물가상승 압력이 높아질 경우 한국 제조산업의 매출 및 이익은 빠른 속도로 증가한다.

만약 가까운 미래에 인플레이션 리스크가 커질 가능성이 높다면 한국 주식시장은 그만큼 유망하다는 해석을 내릴 수 있다. 물론 반대로 2015년과 같이 저물가 위험이 커지고, 세계경제가 디플레이션 리스크에 노출되는 구조적 문제와 직면한다면 한국 주식시장의 투자매력이 그만큼 저하될 수 있다는 것을 기억해둬야 한다.

한국경제와 주식시장은
루트형 패턴으로 흐른다

지금까지 한국 주식시장의 특징에 대해 살펴봤다. 다음으로 한국경제와 주식시장의 공통된 특징을 설명하고자 한다.

국내 투자자는 경제와 자산시장의 가격흐름에 대해 패턴분석에 집착하는 경우가 있다. 경제를 예로 들면, 2008년 금융위기와 2020년 코로나 경기침체 이후 경제회복 모습에 대해 알파벳 패턴에 대한 논쟁이 뜨겁다.

일반적으로 단기충격 이후 빠른 회복을 보이는 V자형 패턴, 완만한 회복을 뜻하는 U자형 패턴, 그 외에도 나이키 패턴, L자형 패턴,

최근 들어서는 산업 영업환경과 주가 수익률의 양극화를 빗대어 K자형 패턴까지 나온 상황이다.

주식시장도 다르지 않다. 2020년 가을까지 코로나19 발병 이전 수준으로 주가가 회복되자 V자형 패턴이 완성되어가고 있으나 경기저점 통과를 기다려야 한다고 주장하는 이는 W자형 패턴을, 세계경제가 구조적인 침체에 빠질 것이란 비관론자는 M자형 하락을 주장하기도 한다.

모든 패턴에 대한 정의는 사후적인 정의가 짙어 보인다. 시간이 지나고 보아야 특정 패턴에 가까웠다는 해석을 할 뿐 정확한 예측에 활용하는 것은 부족하다고 생각된다. 필자가 주장하려 하는 것도 앞에 서술한 것과 크게 다르지 않을 것으로 독자분들은 이해할 수도 있겠지만 그동안 경제와 주식시장을 분석하며 한국증시의 성격과 습관 등을 관찰해온 애널리스트로서 한국경제와 한국 주식시장은 레벨에 대한 특성, 패턴을 굳이 대입하자면 루트형 패턴에 더욱 가깝다고 생각된다.

루트형 패턴은 2009년 10월 이성태 한국은행 총재가 한국경제의 회복 패턴을 언급하면서 세간의 이목을 집중시킨 해석이었다. 필자가 이 패턴에 대한 관심을 갖게 된 것은 한국경제뿐만 아니라 상장기업의 이익의 특성, 또한 한국경제를 구성하고 있는 서로 다른 산업의 성장 주기가 다르다는 점을 인지하면서 이를 활용해 시장분석을 이행해왔기 때문이다.

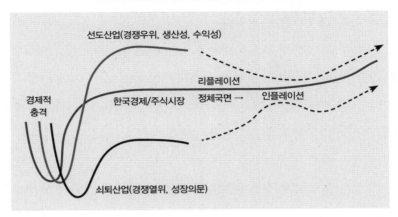

루트형 패턴을 보이는 한국경제와 한국 주식시장

선도산업(경쟁우위, 생산성, 수익성)

리플레이션

경제적
충격

한국경제/주식시장   정체국면 →   인플레이션

쇠퇴산업(경쟁열위, 성장의문)

출처 : 교보증권

  한국경제는 지난 수십 년의 경제역사를 걸어오며 굴곡진 시간을
보내왔다. 경제 시스템이 선진화되기 이전에 관행적으로 무시되어
왔던 상장기업의 재무제표를 외환위기 이후 국제표준에 가까워지도
록 발전시켜왔다.

  미국의 금융위기가 시작되며 글로벌 경기침체를 경험했고, 중국
의 고도성장에 휩쓸려 외형확장 중심의 발전모델을 고집하던 것을
스마트폰, 반도체, 바이오 등 고부가가치 산업으로 경제의 중심축을
전환시키는 변화를 시도할 수 있었다.

  현재는 반도체 산업에 치우쳤던 감이 없지 않지만 글로벌 경제가
플랫폼 경제 중심으로 발전하면서 플랫폼 기업이 투자확대의 수혜
를 입는 행운을 누리기도 했다.

위의 그림에서 보이는 것과 같이 한국은 충격 이후의 충격의 파급 범위와 구조적인 문제, 정상화 방법 등을 고민하며 절대수준을 높이는 방식으로 경제성장을 이루어내고 있다. 충격 이후의 회복과정에 있어 선도하는 산업은 가까운 미래의 주인공으로서 투자자에게 선호되고, 경제 패러다임을 따르지 못하는 산업은 도태되는 과정을 보이고 있다.

일정 수준의 경제회복을 쟁취한 이후로는 성장산업의 정착단계, 디스카운트 산업의 추격과정이 경기회복과 동시에 발생해 균형을 찾는 노력을 하게 된다. 루트형 패턴의 경기흐름을 장기 시계열 분석에 따라 늘여뜨려 놓으면 한국경제는 선형적 장기확장 추세에서 충격이 발생할 때마다 강한 V자형 회복을 그리는 패턴을 반복하고 있는 것으로 볼 수 있다.

주식시장의 흐름도 다르지 않다. 많은 전문가들이 새로운 한 해가 시작될 때면 목표지수와 연간 코스피의 '밴드'를 강조한다. 많은 투자자는 오차범위를 넓혀 놓은 밴드 예측이 불필요할 뿐만 아니라 유용한 투자정보가 되지 못한다는 것을 지적해주고 있다.

필자도 충분히 공감하는 지적이며, 가급적 밴드를 제시하는 것을 피하고 싶지만 언론의 투자정보 수집과정이 발전하지 못하고 있다는 점에서 안타까움을 느끼고 있다. 그래서 필자는 세미나를 통해 시장전망을 할 때는 밴드뿐만 아니라 예상 평균지수에 대해 강조를 하고 있다.

가까운 미래에 주식시장뿐만 아니라 경제, 사회적으로 어떤 일이 발생할 것인지 예측하는 것은 불가능하다. 거기에 코로나19와 같이 천재지변이 언제 또다시 발생할지는 아무도 예상하지 못할 것이다. 하지만 투자자가 시장전략을 수립하는 데 있어 기준을 갖고 있는 것은 무엇보다 중요하다고 생각된다. 그래서 강조하는 것이 바로 연간 평균지수이다.

주식시장은
기업이익의 함수이다

먼저 연도별 평균지수와 상장기업의 순이익 변화를 살펴보자. 2000년 이전까지 한국경제는 3년 주기로 경기침체를 경험했다. 동시에 상장기업 전체 순이익이 적자에 빠지는 위험에 자주 노출되었다. 이런 영향이 코스피 평균지수를 1000P 이하로 묶어두는 저평가 이유가 되었다.

2000년에 들어서 IT버블을 극복한 후에 한국 상장기업의 순이익은 50조 원 수준으로 레벨업이 되었다. 이 회복 과정에서 코스피는 1000P를 돌파해 상승세를 이어왔고, 평균 지수가 레벨업하는 변화를 겪었다.

그런데 금융위기가 발생하자 기업이익이 급감하며 코스피가

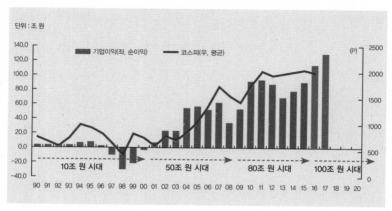

연도별 코스피와 상장기업 순이익 추이

단위 : 조 원

■ 기업이익(좌, 순이익) ━ 코스피(우, 평균)

10조 원 시대　　　50조 원 시대　　　80조 원 시대　　　100조 원 시대

90 91 92 93 94 95 96 97 98 99 00 01 02 03 04 05 06 07 08 09 10 11 12 13 14 15 16 17 18 19 20

출처 : Wisefn, 교보증권

1000P로 추락하는 공포를 경험했지만 이후 스마트폰 대중화, 한국 완성차 기업의 글로벌 M/S 상승 등의 도움으로 상장기업의 실적은 80조 원으로 또 한 번 레벨업을 하게 되었다. 이때부터 코스피는 2000P시대가 열리게 된 것이다.

하지만 2010년대에 미국이 주도하는 성장이 계속되다 보니 실적 성장이 제한되고 한국증시는 답답한 흐름을 이어갔다. 수많은 투자자가 지쳐 떨어져나갈 때즈음 변화가 찾아온 것은 반도체 산업의 초호황이었다.

2017년과 2018년 상장기업 전체 순이익이 130조 원을 상회하는 변화를 보이며 코스피는 한때 2600P를 터치하는 저력을 보였다. 이때 많은 전문가는 3000P시대가 얼마 남지 않았다고 강조했지만 필

코스피와 주요 거시지표, 금융지표의 상관관계

구분	주식	GDP	수출	국제유가	원/달러	교역조건	미국주식	기업이익
주식	1.0000	0.6531	0.5047	0.3754	−0.6681	−0.4653	0.3260	0.5384
GDP		1.0000	0.2896	0.1068	−0.4361	0.0140	0.3969	0.6686
수출			1.0000	0.8561	−0.5535	−0.6369	0.3945	0.5271
국제유가				1.0000	−0.4393	−0.7455	0.2495	0.1959
원/달러					1.0000	0.3340	−0.6734	−0.2915
교역조건						1.0000	0.0459	−0.0920
미국주식							1.0000	0.3186
기업이익								1.0000

출처 : Wisefn, 교보증권

자는 아주 조심스럽게 주식시장의 랠리가 끝났음을 느낄 수 있었다. 당시 많은 전문가가 주장했던 상장기업 전체 순이익 150조 원은 반도체 호황이 이어지고 다른 모든 산업이 역대 최대 실적을 달성해야 가능한 규모였는데, 한국경제가 그런 준비가 되어 있지는 않다고 판단했다.

예상했던 것처럼 2017년에서 2018년 동안의 이익급증은 일시적인 현상에 그쳤고, 현재는 2010년 수준에 그치고 있어 코스피는 아직 제자리를 맴돌고 있다. 지금까지의 특성을 이해한다면 반도체뿐만 아니라 전체 기업이익을 레벨업시킬 수 있는 다음 주자의 등장이 절실하다는 것을 알 수 있을 것이다.

앞으로 한국 주식시장에서 전략을 수립할 때는 다음해 평균지수를 얼마로 설정하는지 각자 기준을 갖고 있는 것이 중요하다. 만약 예상했던 평균지수와 비교해 시장상황이 아래쪽으로 크게 벌어질 경우 전략관점에 있어 공격적인 주식투자 비중확대 전략을 선택할 수 있다. 반대로 예상했던 평균지수와 위쪽으로 괴리가 심화될 경우 신규 매수보다 기존 포지션을 관리하며 차익실현에 대한 강도를 결정하는 자신만의 '원칙'을 세울 수 있다.

주식시장 전망, 밴드보다 중요한 평균값

'평균'이란 무엇인가? 이는 컨디션의 변화를 생각하지 않고, 일정 수준의 결과를 예상할 수 있다는 뜻이다. 예를 들어, 한국을 대표하는 야구선수들, 특히 타격기계로 소문난 추신수, 김현수, 양의지 같은 선수들은 극심한 슬럼프에 빠지거나 연타석 홈런을 뻥뻥 쳐나가더라도 연말쯤이 되면 이전과 비슷한 타율을 기록하고 약간씩의 차이만 기록하게 된다. 평균지수란 우리 경제의 모습, 투자환경을 종합해볼 때 가장 기준이 될 수 있는 지표라고 볼 수 있다.

필자는 연간전망 자료를 활용해서 다음해 시장을 전망할 때면 다양한 거시지표와 금융지표를 비교하고 평균지수를 제시한다. 만약 평균지수에 대한 신뢰가 있다면 2020년 3~4월과 같은 폭락장에서도 흔들리지 않는 믿음을 가지고 어느 정도의 수익을 기록할 수 있었을 것이다.

그동안 한국 코스피의 평균지수를 다양한 변수와 비교를 해보면 기업실적과 수출 변화율, 이 2가지와 상당히 높은 상관성을 갖고 있음을 확인할 수 있었다. 2021년 이후 한국 수출의 회복 가능성을 신뢰한다면 코스피 평균지수의 상승 가능성은 높다고 전망할 수 있다.

 주린이를 위한 투자전략

주식시장과 개별주식의 주가를 '방향'에 대한 판단만으로 투자를 한다면 그 주변의 수많은 소음과 잡음에 속아 잘못된 투자판단에 이를 수 있다. 자신만의 가치평가 기준을 갖고 있어야 투자의 강약을 조절할 수 있는 능력을 갖게 된다. 투자는 목표하는 수익이 내 품에 들어오기 전까지 계속되는 게임이다.

투자는 자본을 축적한 소수계층의 경제활동이라고 생각할 수 있다.

하지만 경제가 정상화되어도 일자리는 제한되고,

소득증가를 낙관하기 쉽지 않다.

투자금액은 중요하지 않다.

돈을 모시는 시대는 끝났다. 돈을 길들이고,

재주를 부릴 수 있도록 응원을 계속해야 한다.

4장

초기화된 경제,
투자는 선택이 아닌 필수

우리가 사는 세상은
투자자산 부족시대

"세상은 넓고, 할 일은 많다." 김우중 대우그룹 전 회장의 자전적 에세이의 제목이다. 당시 세계경제가 빠른 속도로 성장하는 환경 속에서 대우그룹과 한국이 성공을 위한 노력을 얼마만큼 열심히 해왔는지 느낄 수 있는 타이틀이다.

요즘 시대에도 그렇게 열심히 앞만 보며 달린다고 해서 성공이 보장될까? 물론 어느 시대에서든지 노력은 절대 배신하지 않는다고 생각한다. 하지만 정확한 방향을 제시하는 것도 상당히 중요하다.

김우중 회장의 에세이 제목을 요즘 시대에 맞게 수정한다면, 아마 '돈은 많고, 투자할 곳도 많다'로 바뀔 것 같다. 글로벌 경기침체 위험이 극복되지 않은 상황에서 무슨 쌩뚱맞은 소리인가 싶겠지만 넘

처나는 유동성 환경 속에 우리는 마땅한 투자처를 찾지 못하고 있다. 그렇다 보니 믿을 만한 투자자산을 찾게 되고, 그 선택지가 되는 자산의 가격은 경제상황과 무관하게 가치가 상승하는 변화를 보이고 있다.

아래 그림은 투자자산 부족현상을 설명하는 그래프이다. 투자자산, 특히 안전자산의 일정한 공급이 존재하고, 해당 자산에 대한 수요가 있다고 가정해보자. 미래에 알 수 없는 경기침체가 등장하고, 그 문제를 수습하기 위해 재정·통화정책의 변화가 시작된다.

경기부양정책의 효과가 확인되기 전까지 믿을 수 있는 자산의 규

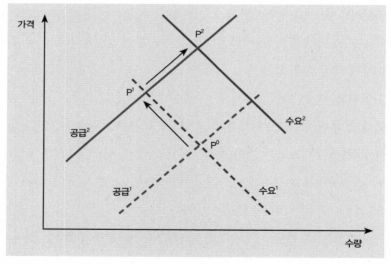

안전자산 공급감소 + 투자수요 증가 = 자산가격 상승

출처 : 교보증권

모는 감소하게 된다. 즉 믿을 만한 안전자산의 공급이 줄어들게 되는데(P0→P1), 이런 공급곡선의 이동과 반대로 해당되는 안전자산의 수요는 더욱 강해진다. 그래서 자연스럽게 해당되는 자산의 가치가 상승하는 결과로 이어지게 된다(P1→P2).

지난 10년간의 금융역사를 대입해보자. 미국 금융위기가 시작되자 당시 경제 전문가는 대공황에 준하는 경제위기에 직면했다고 선언했다. 미국을 대표하는 글로벌 금융기관이 파산하는 모습을 보며, 그렇게 걱정했던 미국의 몰락이 마침내 시작되었다는 평가가 뒤를 이었다.

미국 정부와 중앙은행은 금융 시스템 붕괴를 막기 위해 '양적완화정책'이라는 극단적인 통화정책 수단을 꺼내 들었다. 기축통화 국가로서 돈을 찍어 무한정 공급하는 헬리콥터 머니를 투하한 것이다. 이 같은 통화정책 가동에 대해 많은 경제학자는 일본과 같은 유동성 함정에 빠질 것을 경고했다.

실제로 2011년 미국 국가신용등급이 강등되는 초유의 사태가 벌어졌고, 미국에 이어 유럽 재정위기가 번지면서 공포는 극에 달했다. 그런데 흥미로웠던 점은 시장경제에 공급된 유동성이 가계와 기업 등 실물경제로 전파되지는 않았지만 대부분 소화가 되어 금융시장의 추가 붕괴는 막아주었다는 것이다.

특히 당시에 유럽 재정위기가 확산되며 재정불량국에 해당하는 이탈리아·스페인·포르투갈 등의 문제가 제기되었고, 그리스가 유로

존을 탈퇴하겠다는 강수를 두며 유럽연합의 해체 공포까지 등장했지만 재정이 안정적이었던 프랑스·독일 등 선진 유럽증시의 국채수익률은 오히려 마이너스를 기록하며 폭발적인 채권시장의 강세가 연출된 것이다. 이런 현상은 투자자산 부족현상에서 비롯된 것으로 해석된다.

엄청난 유동성 공급, 금융시장이 대부분 흡수

금융위기를 극복한 이후 글로벌 유동성은 미국 금융시장으로 몰려들었다. 미국경제가 강한 회복세를 보인 것뿐만 아니라 도널드 트럼프 대통령이란 생소한 인물의 등장과 함께 교역 및 외교환경의 변화를 의식해 가장 믿을 만한 미국 투자자산을 가장 적격한 대상으로 선정한 것이다.

이런 유동성의 쏠림현상은 미국 기술주 랠리의 바탕이 되었다. 그리고 그 도움을 받아 미국경제와 주식시장은 10년 장기호황의 공식을 써내려갔다.

미국 주식시장의 장기 상승랠리가 2020년에도 계속되어 왔지만 코로나19의 등장과 북미 지역의 폭발적인 감염자 수 증가라는 악재와 만나며 이번에야말로 미국 주식시장이 붕괴될 것이란 걱정을 했

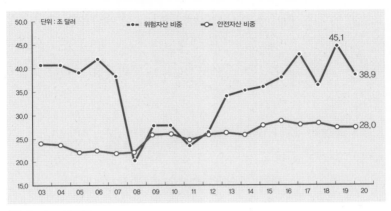

선진국 위험자산과 안전자산의 GDP 대비비중

단위 : 조 달러 ●●● 위험자산 비중 ○○○ 안전자산 비중

45.1
38.9
28.0

03 04 05 06 07 08 09 10 11 12 13 14 15 16 17 18 19 20

출처 : Bloomberg, 교보증권

다. 하지만 이를 비웃기라도 하듯 미국 주요지수는 역사적 고점을 새롭게 경신하며 상승세를 이어가고 있다.

현재도 투자자산이 부족한 환경이 계속되어 나타난 결과로 볼 수 있다. 10년 전의 금융위기 때보다 더 많은 유동성을 시장경제에 공급하고 있다. 그러나 누구 하나 유동성 함정에 빠질 수 있다고 지적하지 않는다. 세계경제는 선진국과 신흥국이 발을 맞추어 추세적인 확장을 계속해왔고, 2020년 일시적으로 멈춤을 경험할지 모르겠지만 앞으로도 성장을 이어나가게 될 것이다.

코로나19 문제를 극복하는 것이 정확히 언제일지는 모르겠다. 하지만 현재 넘쳐나는 시장의 유동성은 가장 믿을 만한 투자대상을 선점하고자 하는 학습반응을 2020년에도 이어나가고 있는 것이다.

전 세계 GDP에서 주식시장과 채권시장이 차지하는 비중을 선진국으로 범위를 좁혀 비중을 산출하면 약 60%를 차지하고 있다. 가계와 기업은 수많은 현금을 은행에 보관하고 있지만 이 자본의 시간가치를 고려할 때 증가할 것을 낙관하며 주식과 채권에 투자를 계속해오고 있는 것이다.

경제상황을 고려한다면 자본의 손실 위험이 있는 투자는 적극 멈추어야 한다고 생각할 것이다. 하지만 돈은 많고 투자할 곳은 언제나 존재한다. 경기침체 위험이 투자 리스크 프리미엄과 큰 차이를 보이지 않는다면 투자활동을 강화하는 것이 잘못된 선택이 아니라는 뜻이다.

투자에 굶주린 사람들이
계속 증가하다

투자자산 부족시대에 또 하나 생각해봐야 할 것은 투자자산을 매수하려 하는 수요자, 즉 투자자의 펀더멘털이 바뀌었다는 것이다. 앞에서도 잠시 투자자산의 가치가 수요와 공급에 의한 가격 결정이 되는 대상으로 가정할 경우 공급과 수요의 밸런스를 체크해보는 것이 필요하다.

선진국 투자시장은 이미 성숙된 시장이라고 볼 수 있다. 즉 선진

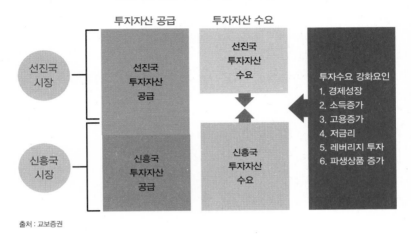

선진국과 신흥국 투자자산의 공급과 수요

투자자산 공급　투자자산 수요

선진국
시장

신흥국
시장

선진국
투자자산
공급

신흥국
투자자산
공급

선진국
투자자산
수요

신흥국
투자자산
수요

투자수요 강화요인
1. 경제성장
2. 소득증가
3. 고용증가
4. 저금리
5. 레버리지 투자
6. 파생상품 증가

출처 : 교보증권

국들은 경제규모에 어울리는 투자자산을 이미 가지고 있다. 그 절대
규모 측면에서 생각하면 선진국 투자자산이 압도적으로 많고, 신흥
국 투자자산은 자본시장의 성숙도에 따라 아직 성장단계에 있다고
볼 수 있다.

　선진국에 공급된 투자자산과 비교해 해당 지역의 수요는 제한적
이다. 이미 경제성장 속도가 느려졌고, 가계의 소득 및 고용이 불안
한 만큼 수요는 공급을 따르지 못한다고 볼 수 있다. 이와 반대로 신
흥국은 공급된 자산보다 수요, 즉 투자규모가 더욱 크다는 것을 확
인할 수 있다. 경기침체를 해결하기 위해 엄청난 유동성을 공급함으
로써 투자자산의 수요자, 즉 투자자의 펀더멘털을 보강해주는 것이
자산시장에 큰 변화를 일으키는 것을 확인할 수 있다.

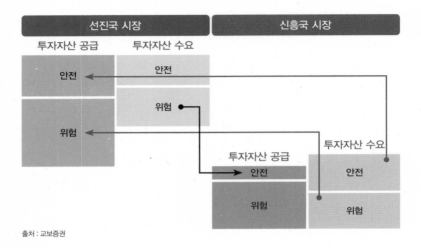

신흥국의 경제발전, 선진국 투자자산의 수요층으로 전환

출처 : 교보증권

    특히 신흥시장은 안전자산의 비율이 낮고 위험자산이 절대적으로 비중이 높다. 이런 상황에서 투자자는 고위험 자산에 대한 투자를 기피하는 현상이 자주 발견된다. 하지만 신흥국 중산층 이상의 계층은 이미 선진국의 투자자와 펀더멘털에서 큰 차이를 보이지 않고 있다. 이들 중 상당수는 해당 지역의 투자자산에 만족하지 못해 선진시장으로 직접 진출하기 시작한 것이 유동성 환경에 엄청난 지원군이 되고 있다.

    결론적으로, 시장경제의 유동성 공급이 자산가격의 변화를 일으켜 실물경제가 정상단계에 복귀할 수 있을지 누구도 장담할 수는 없다. 하지만 세계경제가 통제 불가능한 침체에 빠지는 발생확률이 극

단적으로 희박한 재앙에 직면하지 않는다면 현재 투자된 자산의 가
치는 개별적으로 이유를 찾는 노력이 시작될 것이다.

　미래의 모습을 정확히 그려낼 수는 없다. 하지만 2020년대는 투자
활동을 게을리할 수 없는 시대라는 것을 잊지 말아야겠다.

 주린이를 위한 투자전략

코로나19로 인한 경기침체로 한국경제가 잠시 후퇴할지 모르지만 정상복구가 된다면 공

급된 유동성은 효용가치가 높은 대상으로 흘러갈 것이다. 경제환경이 이전과 다를 것이 없

다면 소비로 대체될 가능성이 높지만 강도 높은 방역활동이 지속될 경우 소비도 여의치

않다. 기울어진 운동장에 투자의 공은 소비보다 투자로 흐른다.

2020년대는 제로금리와 마이너스 금리의 순환시대

코로나19가 누른 리셋 버튼은 가까운 미래의 경제 모습을 어떻게 바꾸어갈 것인지 고민하고 있다. 특정 이슈에 깊게 빠져 논리를 찾다 보면 지나치게 계산적이며 자기중심적 논리의 함정에 빠질 위험이 있다. 그렇다면 관점을 조금 바꾸어 인문학, 사회과학의 입장에서 변화되는 세상을 점검해보자.

펜데믹 상황을 해결하기까지 국제사회는 분열과 혼란이 불가피하다. 자국의 이익을 최우선시로 생각할 수밖에 없고, 그 위기에 내몰린 각국 정부는 역사의 평가를 의식하지 않고 조금은 이기적인 자기 판단을 내릴 수밖에 없다. 이런 환경에서 생각해봐야 할 것은 전체주의와 자유주의이다.

전체주의는 사회공동체의 정의가 있고, 보이지 않는 합의가 존재한다고 생각한다. 내부의 사회적 약자를 보호하고, 사회를 위협하는 밖으로부터의 침략에서 구성원을 보호하는 것이 당연하다고 생각한다. 전체주의의 정의를 구현하는 과정에서 정도를 넘어설 경우에는 국수주의나 파시즘으로 변질될 위험이 있다.

이와 반대로 자유주의는 사회 내부적으로 윤리적 문제를 일으키지 않는 선에서 개인이 어떠한 가치나 선호를 자유롭게 추구할 권리를 갖는 것을 뜻한다. 그러하기에 자유주의는 개인주의를 신봉하고, 개인이 이익을 추구하는 것을 너무나 당연하게 생각한다. 만약 사회 공동의 이익을 위해 개인이 이익을 추구하는 것을 포기해야 할 상황에 내몰리게 된다면 자유주의는 심각한 위협에 맞서는 상황으로 볼 수 있다.

조금 뜬금없는 얘기로 들릴 수도 있겠다. 하지만 전체주의와 자유주의 개념을 먼저 설명한 것은 코로나19가 누른 리셋 버튼으로 인해 사회이념과 경제이념이 다른 방향을 향해 걸어가는 경향을 보이고 있기 때문이다.

포스트 코로나 시대에 정치와 사회는 지정학적 가치Geopolitics Value를 우선적으로 생각하며, 사회 공동체의 번영을 목표로 전체주의가 강화되는 방향으로 흐르고, 경제는 지경학적 가치Geoeconomics Value를 반영해 국가전략 방향을 부정하지 않으면서도 이윤을 극대화시킬 수 있는 자유주의를 지향하게 된다. '무엇이 옳은 방향이냐'를 논쟁

하려 하는 것이 아니라 현재 투자환경을 이해하는 데 도움이 될 것이란 해석이다.

또한 지금까지 설명한 이념적 이론을 장황하게 설명하는 것은 금리, 특히 제로금리와 마이너스 금리를 쉽게 이해시켜주기 위한 과정이다.

제로금리와 마이너스 금리, 돌고 돈다

금리란 무엇인가? 한마디로 쉽게 정리하자면 돈을 안전하게 보관하고, 예치된 현금을 사용(대출)한 것에 대한 비용을 예금자에게 지불하는 것이다.

전체주의 이념에서 생각하면 은행에 돈을 맡긴 것에 대한 이자를 지급하는 것이 너무도 당연한 사회적 합의로 볼 수 있다. 그런데 2008년 금융위기 이후로 금리의 기본공식이 깨지기 시작했다. 경기침체를 제한하고 부양시키기 위한 제로금리 선택까지는 그나마 이해할 수 있는데, 마이너스 금리정책이 어떻게 가능할 수 있느냐는 것이다.

은행에 돈을 맡기면 이자가 발생하는 것이 아니라 보관비용을 받게 된다는 것은 일반적인 경제주체로서는 이해할 수는 없을 것이다.

하지만 돈의 크기를 생각해보면 상황이 바뀐다.

만약 조 단위의 현금을 보유하고 있는 기업 또는 억만장자의 입장에서 생각하면 은행이 돈을 맡기고 있는 것에 대한 비용을 받겠다고 해서 예금을 인출할 수도 없는 노릇이다. 엄청난 분량의 현금을 보관하기 위해서는 각종 비용이 발생할 수밖에 없고, 그 돈을 지불하더라도 안전한지에 대한 심리적 의심을 쉽게 지울 수는 없게 된다. 따라서 사람들은 시간이 흘러 마이너스 금리환경을 쉽게 받아들이게 되었다.

경제환경이 정상화된다면 정책금리도 미래의 침체위험을 대비하기 위해 '정상화' 시도가 진행된다. 경기가 과열되는 것을 억제하는 의도가 있을 수도 있으나 금리가 상승하는 것은 물가상승 압력이 커지는 것을 뜻하고, 기대 인플레이션이 상승해 경제주체에게 소비가 촉진될 수 있음을 암시하는 시그널로 해석될 수 있다.

사실 코로나19 발병 이전까지는 미국 연준을 비롯해 많은 중앙은행들이 정책금리의 정상화 시도를 이어가고 있었다. 하지만 제로금리 시대가 다시 돌아왔고, 마이너스 금리시대가 본격적으로 시작될 위험도 작지 않다.

제로금리zero rate의 첫 글자 'Z'와 마이너스 금리negative rate의 첫 글자 'N'을 시계방향으로 돌리면 똑같은 모습이 반복된다. 즉 제로금리 시대는 마이너스 금리와 순환적으로 반복될 가능성이 크다는 것을 뜻한다. 만약 넘쳐나는 유동성 때문에 하이퍼 인플레이션 시대가 시작될 것으로 걱정하는 투자자가 있다면 일찌감치 그런 걱정을 내려놓아도 괜찮을 것 같다.

그렇다면 제로금리 시대는 얼마나 지속될까? 코로나19 문제가 종식되고, 세계경제가 펜데믹 이전 사회로 복귀한다면 너무도 쉽게 돌아갈 것이라 생각할 수 있다. 하지만 경기침체 충격으로 인해 실물경제가 받는 피해, 일자리 소멸 등의 문제를 생각하면 손쉬운 금리 정상화는 어려울 것으로 예상된다.

이를 생각해보기 위해 중앙은행이 통화정책의 기본 모델로 삼고 있는 테일러 준칙Taylor Rule에 대해 알아보자.

앞으로 10년,
제로금리일 수 있다

———

테일러 준칙에 의한 적정 기준금리는 실질금리에 물가상승률을 더하고, 인플레이션 갭과 GDP갭(실질성장률-잠재성장률)의 일정 가중치를 적용해 산출하게 된다. 현재 상황을 점검하면 코로나19 펜데믹 상황의 영향으로 미국경제가 침체국면에 진입해 적정 기준금리가 큰 폭으로 하락한 것을 그래프에서도 확인할 수 있다. 즉 10년 전 금융위기를 크게 초과하고 있다.

그렇다면 10년 전 상황을 복기해보도록 하자. '대공황의 재현'이

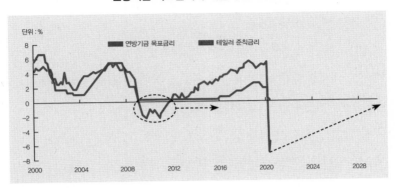

연방기금 목표금리와 테일러 준칙금리

단위 : %

연방기금 목표금리　　테일러 준칙금리

출처 : FRB, Bloomberg, 교보증권

라 말했던 금융위기로 연준은 제로금리 정책과 양적완화 정책이란 비전통적 통화정책을 가동했다. 기준금리의 가이드라인 금리로 사용되는 테일러 준칙 금리가 제로 수준으로 회복하기 전까지 '금리인상'이란 언급은 입 밖에 내놓지도 못했다. 이후 미국 신용등급 강등과 유럽 재정위기가 시작되며 어려울 것 같았던 정책금리 정상화는 테일러 준칙 금리가 제로에 수렴한 2012년부터 출구전략에 대한 논의로 이어졌다.

당시에는 세계경제가 여전히 안전한 상황이 아니니 연준이 긴축 정책으로 기조를 선회할 경우 긴축 발작Taper tantrum이 발생할 수 있다고 경고했고, 미국경제가 조금 더 안정을 되찾은 2016년 이후 연준의 제로금리 정책은 금리 정상화의 길을 걷기 시작했다.

다시 현재로 돌아와보면, 경제가 추락한 미국의 회복이 2021년부터 시도될 것으로 기대되지만, 테일러 준칙 금리가 플러스 전환하는 것은 상당한 시간이 소요될 것으로 보인다. 무제한 유동성 공급의 효과가 금융시장의 안정과 주가 회복에 도움이 되었을지 모르지만 미국 고용시장이 펜데믹 이전 완전고용 수준으로 복귀하는 것은 얼마만큼의 시간이 소요될지 예측이 불가능하다.

이 같은 암울한 경제전망 및 고용환경을 감안할 때 테일러 준칙 금리의 플러스 반전 시점은 2~3년보다 긴 5년 이상 지속될 가능성이 크다. 또한 경제상황이 안정단계에 이르렀는지 검증하는 시간까지 고려한다면, 금리인상이 재개되는 시점은 2020년대가 끝나는 시점일 가능성이 크다. 그만큼 제로금리 환경이 오래 지속될 가능성이 크다는 것은 현재 투자자에게 얼마만큼의 시간이 주어졌는지 가늠해볼 수 있는 기회가 될 것이다.

우리는 현재 어떤 버블의 시대를 살아가고 있는 것일까? 코로나19 펜데믹 이전까지 미국 주식시장이 10년 동안 지속적으로 상승했고, 코로나19 감염확산 이후로도 나스닥 중심의 기술주가 천정부지로 오르기만 하는 상황이니 지금을 주식버블이 커지는 상황으로 보아야 할까?

필자가 생각하는 현재의 버블은 주식버블보다 채권버블에 더욱 가깝다고 생각한다. 그렇다면 주식버블과 채권버블의 차이는 무엇이 있을까?

주식버블과
채권버블의 차이

먼저 주식버블은 경기상황이 좋을 때 생성된다. 경제성장 속도가 가파르게 상승하고, 이를 저지하기 위해 금리를 올려야 하는 상황이 주식버블의 전형적 특징이라고 할 수 있다.

경기상황이 좋으니 경제주체의 수요활동은 공급을 초과하고 인플레이션은 쉽게 발생하게 된다. 이처럼 기분 좋은 경기활황이 계속되면 기업은 활발한 공급활동을 수행하게 되고, 무분별한 투자가 감행되어 공급과잉 문제가 등장하게 된다.

이 상황에서 경기침체가 발생하면 주식버블은 순간적으로 터지고, 실물경제는 엄청난 실업자와 기업 도산을 경험해 심각한 피해를 당하게 된다. 단순히 주가가 오른다는 이유만으로 주식버블을 논할 수는 없다는 얘기이다.

주식버블과 채권버블의 차이

구분	버블원인/환경	버블붕괴 징후/과정	
주식버블	경기저점 통과	성장 ⟶	둔화
	(미래)성장률 > 금리	부족 ⟶	과잉
채권버블	침체 공포 의식	채권 이외의 자산시장 버블	
	(미래)성장률 < 금리	(소비, 주식, 부동산 등)	

출처 : 교보증권

그렇다면 채권버블이란 무엇인가? 제로금리를 뛰어 넘어 마이너스 금리 시대가 열리는 상황에서 어떻게 채권에 대한 투자수요가 있을 수 있을까?

앞서 '투자자산 부족시대'에서 설명했던 것처럼 소득 및 자산순위 0.1%에 해당되는 상위계층은 보유하고 있는 자산을 지키기 위해 조금이라도 안전한 자산을 매입할 수밖에 없다. 이런 수요가 폭발적으로 증가하니 선진국 우량채권 수익률은 마이너스에 도달할 수밖에 없다. 채권버블 국면에는 실물경제가 시장금리보다 성장이 어렵다는 판단이 설 때 형성된다.

주식버블이 경기과열과 동시에 펑 터져 소멸되는 하나의 버블이라면, 채권버블은 거품 목욕을 할 때 볼 수 있는 수많은 버블이 모여 있는 모습으로 해석된다.

채권버블이 형성된 시간에는 작은 버블이 터질 수 있으나 전체의 모습을 훼손시키지 않고 오랜 시간 유지되는 특성을 갖는 것이 채권버블의 특징이다.

우리가 채권버블 시대를 살고 있다면 기억해둬야 할 것은 무엇일까? 열심히 일을 해 노동의 대가로 자본을 모으는 것도 중요하지만, 그 자본이 활동할 수 있는 길을 열어주는 선택, 즉 투자를 열심히 해야 한다는 것이다.

지금 당장은 주식투자의 광풍이 풀고 있다. 하지만 이 작은 거품이 제거되더라도 지역을 옮기거나 대형주에서 중·소형주로 전환하거나, 성장주에서 가치주로 전환하거나 등 수많은 선택지를 정해두고 버블은 생성과 소멸을 반복할 가능성이 크다.

 주린이를 위한 투자전략

역사를 지배하는 독보적인 영웅은 존재한다. 그런데 그런 영웅을 더욱 돋보이게 만드는 기록되지 않는 수많은 경쟁자가 있었다는 것을 기억할 필요가 있다. 모든 투자자는 절대적인 강자를 고르기를 원하지만 치열한 경쟁에 뛰어든 수많은 참가자를 면밀히 살피는 자세가 더욱 중요하다.

달러화 약세전환으로 인한
글로벌 자본의 대이동

화폐의 가치란 무엇인가? 화폐의 경제학적 의미는 재화 및 서비스를 거래하는 것의 교환수단이다. 그런데 화폐의 가치란 또 무엇인가? 다른 관점에서 생각하면 화폐는 모든 경제활동에 대한 추가된 가치를 반영하며 그 규모가 커져갔다. 농업사회 시절에는 작물 또는 식품을 생산하고 해당되는 재화에 노동의 가치를 추가해 화폐의 총량이 늘어나게 되었다. 열심히 일한 사람은 화폐를 더욱 많이 보유하게 된 것이다. 이렇듯 계급사회에서는 세금을 귀족, 국가 등이 사회의 가치를 높이는 수단으로 활용했다.

현대화 사회로 넘어오게 되면서 화폐의 가치를 높이고 양을 늘리는 방법은 더욱 다양해졌다. 단순히 재화의 소비로 그치는 것이 아

세계 GDP 대비 미국 비중과 달러화 가치

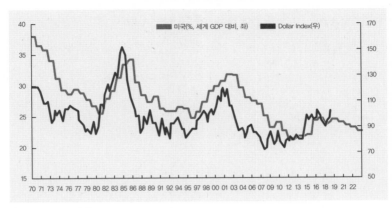

출처 : Bloomberg, 교보증권

니라 서비스, 혁신기술 등 무형적 자산에 대한 가치를 매기기 시작하며 희소성이 클수록 가치를 높이는 변화를 이어갔다. 이렇다 보니 경제보다 더 빠른 속도로 유통화폐 규모가 커지게 되었고, 사회 및 국가발전의 목적 하에 유동성을 관리하게 되었다.

화폐의 본질가치는 국가와 일치한다. 경제가 발전할수록 해당 경제의 통화가치가 상승하는 것은 본질가치뿐만 아니라 그 총량이 늘어나 구매력이 강화된다는 뜻을 의미한다. 따라서 투자에 있어서는 화폐가치를 정확히 판단하고 앞으로의 전개 과정을 확인하는 것이 중요하다.

투자전략을 수립하는 데 있어 기축통화 국가의 화폐가치를 전망하는 것은 중요하다. 그런데 유로, 엔 등의 가치를 분석하고 전망하는 것도 중요하지만 절대통화인 달러에 대한 평가를 가장 우선하는 것은 어쩔 수 없다. 과거와 비교해 비중이 줄어들었다고 하지만 여전히 글로벌 교역시장에서 화폐수단은 달러가 가장 중요하다.

필자가 강조하고 싶은 것은 가까운 미래에 달러의 가치가 어떤 추세를 그릴 것이냐에 따라 투자 대상은 완벽히 바뀔 수 있다는 점이다. 따라서 다음에 설명할 것은 달러화 약세 시대의 투자, 달러화 강세 시대의 투자로 구분지어 살펴보려고 한다.

스마일 커브이론으로 보는
달러의 가치

먼저 달러화 강세 시대의 투자를 살펴보자. 달러화 가치가 앞으로 오를 것이라는 것은 어떠한 의미를 가질까? 투자자를 혼란스럽게 만드는 것은 달러의 가치가 오를 때 극단적인 2가지 의미를 갖게 되기 때문이다. 극단적인 경제환경이 전개될 경우 달러화 가치는 상승한다.

우선 세계경제의 위기가 닥치는 상황이다. 파악하기 힘든 경기침체 충격이 가해질 경우 모든 경제활동 주체는 당황하고 공포를 느끼게 된다. 미래에 대한 불확실성은 투자에 대한 욕구를 자극하기에 앞서, 각자가 보유한 자산 및 자본을 지키기 위한 선택을 하게 만든다. 미래의 수익과 소득이 감소할 수 있을 것이란 불안감은 기업이 보유현금을 늘리려는 선택과 저축을 증가시키는 결정을 자극한다.

안전자산에 대한 수요가 커질수록 달러로 발행된 안전자산, 즉 국채 수익률은 떨어지게 된다. 물론 경기침체를 대비해 중앙은행이 유동성 정책을 완화하는 통화론적 결정도 도움을 주는 측면이 있지만 안전자산에 대한 수요가 폭발적으로 증가한다.

가까운 예로 들 수 있는 것은 2008년 미국 금융위기 직후 미국 연준이 양적완화 정책을 결정하며 국채를 찍어 시장에 공급했지만 시장금리가 떨어지고 화폐의 가치가 상승하는 것을 예로 생각할 수 있다. 연이어 유럽중앙은행이 재정위기를 수습하기 위한 결정에도 유로화 강세와 프랑스, 독일 국채수익률의 마이너스 전환이 대표적인 경우라고 할 수 있다.

이처럼 경기침체가 깊어지는 상황에서 달러화 강세가 발생할 경우 투자의 선택지는 선진국의 우량 안전자산으로 결정된다. 선진국 주식도 투자기회가 있을 수 있으나 경기저점을 통과하기 이전까지는 변동위험이 크다는 점을 참고해두는 것이 필요하다.

어려운 경제환경에서 강세를 보인 달러는 그 추세를 이어가려는 성질이 강하다. 그 원인은 경기부양정책의 효력과 실물경제에 전파되며 펀더멘털이 강화되는 변화를 보이기 때문이다. 기업들의 실적이 개선되면 점차 일자리를 늘리고, 투자활동을 강화하게 된다. 신규취업이 증가하면 자연스럽게 가계의 소득이 늘어 내수소비가 안정되는 선순환이 진행된다.

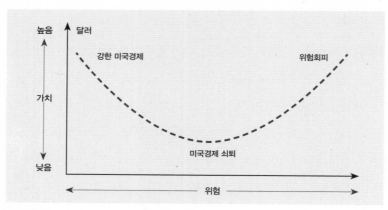

스마일 커브이론으로 본 달러화 가치

높음 | 달러

강한 미국경제

위험회피

가치

미국경제 쇠퇴

낮음

위험

출처 : 교보증권

　거시적인 관점에서 보면 국가경제의 정상화 이후 확장국면에 진입하게 되면서 펀더멘털 요소가 반영된 통화가치 상승을 확인할 수 있다. 이것이 화폐가치 상승의 본질적 의미가 될 수 있다.

　경제상황이 좋아 화폐가치가 오를 때는 가치측면에 있어 경기와 동행하는 투자자산에 투자비중을 높이는 것이 중요하다. 트럼프 대통령이 당선된 이후 경험한 미국 주식시장의 장기 호황이 대표적인 경우라고 할 수 있다.

　물론 투자자는 조금 의아하다는 생각을 할 수 있을 것이다. 미국 경제가 좋았던 것은 인정할 수 있는데, 지난 몇 년간 달러화 가치가 상승한 것은 미국과 중국의 무역전쟁 영향이 더 컸던 것은 아닐까 생각할 수 있다.

사실 2018~2020년까지 세계경제는 성장동력이 크게 약화되어 경기침체를 의식한 안전자산 선호가 달러화 가치상승을 부추긴 것이 아닌가 생각할 수 있다. 틀린 지적은 아니다. 하지만 트럼프 대통령과 시진핑 주석의 거친 대화와 상대방을 겨냥한 비난의 수위가 높았던 측면이 있고, 중국의 접경 국가의 경제가 위축된 것은 분명하지만 세계경제가 치명적인 중상을 입지는 않았다.

이처럼 경제상황이 좋은 상황에서 달러화 가치가 상승할 때는 선진국의 주식, 부동산 등 실물 투자자산에 대한 투자수요가 크다. 하지만 신흥국의 경우 복잡한 경제외교 역학 문제로 인해 잠재적 기회요인이 불안요소로 탈바꿈하는 피동적인 경제활동을 이어가 순환성이 짙어지는 특성을 갖게 되어 중장기 투자로는 매력적인 대안이 되기 어렵다.

왜 달러화 약세를
고민해야 할 시점인가?

달러화 약세 시대는 어떤 모습일까? 지난 100년 세계경제 역사를 쥐락펴락하고 있는 달러를 사람들이 싫어했던 시절이 있을까? 놀랍게도 밀레니엄 시대가 시작된 직후 달러화 약세가 드라마틱하게 이어졌다.

달러화 약세의 시작은 IT버블이 터지면서 시작되었다. 미국 기술주의 거품이 꺼지면서 사상누각과 같이 미국 성장기업과 금융시장이 수축되기 시작되었고, 이들에 대한 가치 하락이 달러화에도 부정적 영향을 미치기 시작했다. 기술주 거품이 꺼지면서 경기침체를 제한하기 위해 당시 연준 의장인 앨런 그린스펀은 연방기금금리를 1%까지 낮추었다. 하지만 쉽게 경제가 되살아나지 않았다.

미국 IT산업의 구조조정은 불가피했고, 낮은 정책금리 환경에서도 고용시장이 개선되는 것은 쉽게 바뀌지 않았다. 설상가상으로 미국 뉴욕의 쌍둥이 빌딩에 대한 비행기 테러가 발생하는 초유의 사건으로 인해 미국경제뿐만 아니라 사회 전체에 치명적인 충격이 가해진 것이다.

미국은 부채문제를 해결하는 데 어려움을 겪었다. 재정수지가 악화되고 기술주 거품이 꺼진 이후 민간부문의 부채를 해결하는 것도 쉽지 않았다. 결국 선택할 수밖에 없던 것은 달러화 약세를 용인하는 것이었다.

통화가치가 하락하면 국가경제는 인플레이션 리스크에 노출될 수 있다. 수입물가가 상승해 내수소비에 부담이 커질 수 있다는 것이다. 하지만 수요환경을 되돌아보면 경기침체 위험이 커져 디플레이션 징후가 커지는 상황에서 소비를 자극하는 채찍효과를 기대할 수 있었다.

또한 에너지 가격은 미국경제를 지탱하는 또 다른 숨은 힘이라고 볼 수 있는데, 이 가치를 개선시키는 데도 도움을 주게 되었다. 중동 지역에서의 전쟁과 값싼 에너지를 글로벌 마켓에 공급할 수 있다는 환경은 미국에서 셰일혁명이 발생할 수 있었던 백그라운드가 될 수 있었다.

부채관리만으로 경제가 되살아날 수는 없다. 내수소비와 더불어 미국도 수출을 증가시켜 외화를 유입해야 한다는 명분이 살아나게 되었다. 이때 중국의 성장이 본격적으로 시작된 것은 단순히 운이라고 볼 수만은 없다. 미국 내에 넘쳐나는 유동성은 본격적으로 글로벌 마켓으로 진격해갔다.

브릭스 투자가 봇물을 이루게 된 것은 전혀 이상하지 않았다. 신흥국 투자환경이 개선된 것은 1차적으로 달러화 가치 하락에서 시작된 것으로 볼 수 있지만 투자자의 선택지는 크게 2가지로 나뉘게 되었다.

첫 번째 대상은 신흥국의 실물자산에 대한 투자이다. 미국의 소비와 투자활동이 왕성해지며 신흥국 경제는 그 후광효과를 얻을 수 있었다. 미국의 자본가들은 각자 보유하고 있는 달러의 가치가 하락하는 것을 가만히 보고 있지 않는다. 미국경제가 침체의 늪에서 빠져나올 것이라 확신한 투자자가 선택한 곳은 국제유가를 포함한 상품시장이었다.

신흥국 경제의 성장은 엄청난 소비 잠재력으로 이어지는 것을 보았다. 특히 중국과 인도경제가 미국의 노동자원을 공급하며 양측은

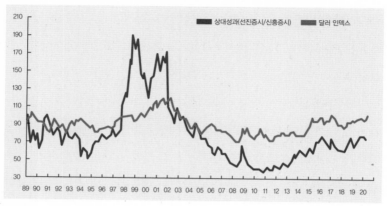

달러화 가치변화와 선진국, 신흥국 주식시장의 상대성과

■ 상대성과(선진증시/신흥증시)　■ 달러 인덱스

출처 : MSCI, Bloomberg, 교보증권

끈끈한 상생관계를 구축하게 되었다. 신흥국 중산층의 소득이 높아지기 시작하며 다양한 내구재의 소비가 강해져갔다. 집을 보유하고 차를 구입하는 등 선진국 중산층과 같은 남부럽지 않은 생활을 본격적으로 시작하게 된 것이다. 이 같은 소비 전성시대가 시작되자 국제유가는 폭등하기 시작했다.

단순히 차 판매량이 늘어난 것뿐만 아니라 직구 열풍이 시작되며 선박수요가 폭증해 글로벌 조선업이 폭발적으로 성장하는 변화를 누렸다. 당시 기름값이 싸다는 미국에서조차 값싼 기름을 찾아 주유소에 줄을 서던 모습은 지금으로서는 신기하게 바라볼 수 있는 모습이다. 과거 한국의 외환위기 시절 원화의 가치가 폭락해 도저히 차에 기름을 넣을 수 없어 길에 차가 없는 한산한 장면이 연출되었던 것과 비슷한 모습이라 할 수 있다.

달러화 약세 시대의 또 다른 선택지는 비非달러 표시 금융자산이다. 달러화 약세라는 환경에서 효과를 더욱 증폭시킨 것은 저금리가 계속되었다는 점이다. 달러화 대비 이종통화의 상대적 강세가 이어지며 신흥국 통화자산(주식과 채권)의 관심은 커졌다.

중국 주식시장은 이 기간 폭발적인 성장세를 보였고, 중국 주식시장의 성장은 글로벌 투자자본의 이목을 집중시키는 결과로 이어졌다. 중국경제의 성장으로 글로벌 기업은 중국에 진출한다는 소식만으로 기업가치에 대한 재평가 작업이 가능해졌고, 상당 부분의 자금은 신흥국의 부동산으로까지 유입되어 가치 상승을 유도했다.

한국의 상황도 이와 크게 다르지 않았다. 노무현 정부 시절 부동산 시장이 폭등해 각종 규제대책이 봇물처럼 이어졌던 것을 기억할 것이다. 또한 적립식 펀드 붐과 함께 한국 코스피도 사상 처음으로 2000P를 돌파하는 저력을 보였던 것도 단순히 중국경제 성장의 이유뿐 아니라 달러화 약세가 만든 풍부한 유동성이 만든 결과라고 할 수 있다.

달러화 약세 시대에는 실물자산과 금융자산이란 2가지 선택지가 있다는 것을 설명했다. 이 둘의 2가지 공통점이 있는데 하나는 신흥국이라는 점, 하나는 반짝 세일이라는 점이다.

사람들은 신흥국 투자가 앞으로 중장기 관점에서 유망하다고 얘기한다. 달러화 약세 시대에 보였던 수익률 결과만 놓고 본다면 틀리지 않았다고도 볼 수 있다. 하지만 미국 금융위기 이후의 시간을 되돌아보자. 신흥국, 상품투자가 3~5년 반짝 랠리를 보였다면 금융위기 이후 답답한 행보를 이어가고 있다.

필자가 항상 강조하는 것은 선형적 투자와 순환적 투자의 정확한 구분이 필요하다는 것이다. 투자의 결실은 수익에 있다. 수익을 얻는 데 시간이 필요한 경우도 있고, 타이밍이 중요한 경우도 있다. 선형적 투자는 시간이 중요하다.

정확한 방향성과 환경을 진단해 오래 묻어두는 투자가 좋은 성과로 이어질 수 있다. 하지만 순환적 투자는 역동적인 성과를 얻을 수도 있으나 정확한 타이밍에 탈출Exit하지 못할 경우 치명적인 투자 손실을 경험할 수 있다.

 주린이를 위한 투자전략

투자를 시작하는 시점부터 선행적 자산과 순환적 자산을 구분하는 것이 중요하다. 선행적 자산은 내재가치에 시간가치가 더해져 가치가 상승할 수 있지만, 순환적 자산은 반짝 재평가 과정을 거치더라도 원점으로 돌아갈 위험이 있다. 한국 주식시장의 지난 10년은 강력한 순환성을 갖고 있었다는 점을 기억하자.

방어기능이 사라진 산업장벽,
가치투자도 리셋된다

사회가 정상적인 경제활동을 영위해나가기 위해서는 각자 역할이 있다. 분업화되어 있는 지금의 사회에서는 구성원이 역할을 충실히 하고, 필요에 따라 경제 구성원을 대상으로 정부가 영역을 구분짓는 결정을 하게 된다. 시장 자유주의가 불필요한 충돌을 만들게 될 때 특정 산업에 있어서는 안전장치를 마련하게 되고, 이는 산업의 고유 영역을 보호하는 장벽을 형성하게 된다.

일반적으로 공공성이 짙다고 평가되는 경우가 많은데, 시장 경쟁 원칙이 적용되는 분야에 있어서도 경쟁과정에서 노동자가 피해를 받게 되는 경우를 막기 위해 제한을 두는 경우가 생기게 된다. 따라서 자본은 새로운 산업이 태동하는 시기부터 공격적인 투자를 통해 해당되는 시장을 선점하려는 노력을 하게 된다.

산업장벽의 순기능은 앞서 언급했던 것처럼 불필요한 비용 및 투자 낭비를 막는 데 있다. 새로운 경쟁자의 등장이 어렵다고 판단될 경우 산업장벽은 경제 상황과 무관하게 기업을 보호하는 역할을 하게 된다.

그래서 기업에 대한 가치를 평가하려 할 때 '절대 밸류에이션'이란 것이 등장하게 된다. 투자의 귀인 워런 버핏은 절대 밸류에이션의 신봉자라고 볼 수 있다. 절대적으로 저평가된 기업은 실재하고, 이를 믿고 기다린다면 투자자가 원하는 기대수익을 얻을 수 있다는 단순한 접근이었던 것이다.

코로나19 감염확산 이후 워런 버핏이 조롱거리가 되었던 적이 있다. 국경 왕래가 어려워져 급락한 항공산업을 저가에 매수했다가 다시 손해를 보고 되파는 손절을 하게 된 것이다. 워런 버핏은 무엇을 보았기 때문에 이 같은 결정을 내린 것일까?

그는 감염확산이 꽤 오래 지속되고 현금흐름이 좋지 않은 데다 부채가 많은 항공산업의 도산 위험을 느낀 것일까? 기간산업으로 분류되는 기업은 지금의 펜데믹 상황이 어렵겠지만 소멸될 것이라고 생각되지는 않는다. 노동자를 보호하기 위해서 극단적인 상황에서는 국영화에 대한 논의도 제기될 수 있다.

워런 버핏의 변심은 산업장벽으로 보호받는 가치산업을 믿고 기다리는 것이 성장주를 투자했을 때 얻을 수 있는 수익과 비교해 기회비용이 크다고 평가한 것으로 생각된다. 또한 플랫폼 경제가 글로벌 경제 시스템에 정착되고 밸류 체인의 이동이 더욱 빨라지는 환경에 적응하는 것을 선택한 것으로 보인다.

가치주가 쉽게 공격을 받는다면
안전한 피난처일 수 없다

산업장벽이 허물어졌다는 것은 누구나 기존 시장에 뛰어들 수 있음을 의미한다. 과거 노동자를 보호할 목적으로 기존 산업과 기업을 보호해야 한다는 명분도 대공황 이후 폭발적으로 증가한 실업자 상황을 고려할 때 대의명분이 부족하다고 볼 수 있다. 오히려 새로운 경쟁사회를 유도하고 건실하고 성장 잠재력이 큰 새로운 기업의 등장과 동시에 일자리를 만들어내는 것이 이득이라는 판단을 내리게 된 것이다.

여기에 제로금리가 시작된 만큼 기업의 자본조달 환경은 극단적으로 유리해져 있다. 마음속으로 꿈꿔왔던 사업 아이템이 있다면 도전을 해보는 것이 나쁘지 않은 선택일 수 있다. 한편으로는 자동차 산업에 꿈을 가져왔던 삼성그룹이 현재 상황에서 다시 꿈을 가졌다면 성공확률이 대단히 높았을 것으로 생각된다.

자본의 힘이 강력해지고 산업 간 장벽이 허물어진 만큼 누구나 기회를 거머쥘 수 있게 되었다. 당연히 성장기업은 공격자의 입장에 설 수 있게 되었고, 산업장벽으로 보호를 받아 오랜 시간 현금을 누적시켜왔던 가치주는 현금이 있을 뿐 변화가 없다면 더 이상 보호받을 수 없는 수비 역할을 하게 된 것이다.

만약 기존 산업을 지속할 목적만을 가지고 지내게 된다면 점차 보유 현금은 사라져갈 것이고, 현재 가치주로 평가받는 밸류에이션은 기업의 멸종이란 위험에 노출될 가능성이 커질 것이다. '수비를 잘하면 지지 않아도 이길 수도 없다'는 말처럼 가치주의 투자기회를 찾기 위해서는 변화와 도전이 중요해진 시대에 위치해 있다.

주린이를 위한 투자전략

산업장벽으로 보호받아왔던 기업은 혁신적인 도전에 나서야 한다. 수많은 리스크를 견뎌낼 능력을 가지고 있다면 더욱 그렇다. 역사책에 기록된 수많은 기업의 마지막 모습이 어땠는지를 기억해보자.

밸류에이션의
제로섬 게임

주식투자는 꿈을 사는 행위라고 했다. 스타일 투자 관점에서 성장주와 가치주의 구분은 여러 기준으로 나뉘게 되지만 구분이 되는 주식이 어떤 유형의 스타일인지 상관없이 현재보다 나은 미래에 대한 투자 이유를 제시할 수 있어야 한다.

미래가치와 비교해 현재가 저평가되어 있다면 그 차이만큼 가치가 상승할 것이라는 것이 투자의 기본이다. 그런데 그 이상 주가가 오르는 경우가 있는데, 이때 적용되는 것이 바로 프리미엄이다.

프리미엄은 과연 무엇일까? 가장 쉽게 접할 수 있는 것은 강남 부동산이 투자자에게 인기를 끄는 것과 같은 맥락에서 이해할 수 있다. 프리미엄을 설명할 수 있는 2가지 단어는 희소성, 그리고 그동안 기록된 수익률의 결과를 생각할 수 있다.

희소성은 공급자 관점에서 생각할 수 있는 가치이다. 강남 부동산은 인기가 많은 지역이라 대기수요가 많다는 측면도 있겠으나 땅값이 너무 올라 새로운 공급도 제한되고 자연스럽게 가격이 상승하는 효과를 누릴 수 있게 된다.

희소성이 갖는 장점은 경제 상황 및 경기 흐름과 무관하게 중위값 수준의 비교 가능한 자산과 비교해 항상 부수적인 가치가 반영되는 혜택을 누릴 수 있게 된다는 것이다. 폭발적 인기로 인한 프리미엄은 수요자 관점에서 형성된다.

경제 및 투자환경에 따라 자산에 대한 수요자는 투자에 있어 적극성과 공격성의 변화가 일어나게 된다. 만약 투자환경이 우호적으로 바뀔 경우 그 변화 자체만으로도 해당되는 자산에 프리미엄이 반영되어 가격이 상승할 수 있게 된다. 일반적으로 주식시장에서는 저금리가 금융장세를 유도하며 위험자산의 리스크 프리미엄을 완화시켜주는 효과를 준다.

코로나19 이후의 투자환경은 희소성과 폭발적 인기 프리미엄 요소가 동시에 작용하고 있다. 코로나19 이전의 세계경제는 2020년 초까지 장기 호황을 누려왔고, 점진적으로 성장에 둔화되는 구조적 문제에 직면해 있었다.

코로나19 감염확산 이후 경기침체 환경에 내몰린 것은 모두에게 해당되지만 이런 환경 속에서도 성장을 이어가는 기업의 등장은 희소성의 가치가 크다고 볼 수 있다. 미국의 FAANG 관련 기업이 이에 해당되고 한국의 언택트·바이오 관련 주식의 급등은 개별주식 본연의 잠재력뿐만 아니라 희소성이 갖는 프리미엄 요소가 반영된 것으로 볼 수 있다.

또한 투자자 관점에서 생각하면 제로금리가 다시 시작된 후 막대한 유동성이 공급되었다는 점이다. 여기에 미국뿐만 아니라 전 세계 중앙은행이 동시 다발적으로 제로금리를 선택했고, 정부 또한 막대한 재정지출을 일으켜 수요자 투자능력을 강화시켰다.

당분간 유동성에서 시작된 프리미엄 환경은 엄청난 버블을 만들어낼 가능성이 크다. 즉 경기침체 환경이 개선되기 이전까지는 감독당국이 특별한 통제 의지를 갖기 힘든 시장 친화적 투자환경이 만들어진 것이다.

가치평가의 기준이 바뀌었다, 밸류를 뺏고 빼앗는 난타전

제로금리 환경이 성장주의 시대를 열었다는 점은 부정할 수 없다. 그런데 항상 그래왔던 성장주의 팽창 속도가 너무 빠르다는 점은 어떻게 해석해야 할까?

앞서 가치주 산업의 몰락을 설명하면서 산업장벽이 무너짐을 지적했다. 이 상황이 성장산업의 속도를 더욱 높인 것으로 해석해볼 수 있다. 기존의 성숙된 산업의 가치를 현재 탄탄한 자본과 성장동력이란 2개의 엔진을 장착한 성장산업이 가치를 빼앗는 약탈자의 역할을 하고 있기 때문이다.

우리는 흔히 IT 관련 산업을 성장산업이라고 말한다. 단순히 '과학기술 발전이 집결되는 산업은 성장'이라는 정의가 정상적인가? 우리는 가치의 이동은 기존의 가치를 대체하고 새롭게 발명·발견하는 것에서 찾을 필요가 있다. 공장의 자동화 기술, 자동차를 포함한 모든 운송수단, PC, 스마트폰 등 경제활동의 변화를 가져온 기기 발명과 경제의 정착 과정에는 효율성이 떨어진 생산환경을 바꾸는 변화에서 시작된 측면이 크다.

한때 철도와 자동차 산업이 성장 산업으로 분류될 수 있었던 것은 말, 소 등과 같이 가축에 의지하던 노동환경을 바꿀 수 있었기 때문이다. PC와 모바일 환경이 구축된 지금은 가계의 생활을 책임져야 할 수많은 노동자의 역할을 생산 자동화, 데이터 처리기술 등이 대체하는 효과를 가져오고 있는 것이다. 즉 IT는 이 지구에 존재하는 수많은 노동자가 창출해 왔던 가치를 스펀지처럼 빨아들이면서 성장이란 가치로 명명되어 있는 것이다.

생산뿐만 아니라 금융, 유통, 각종 서비스 산업 역시 대부분 인적 자원의 영향력이 큰 분야로 볼 수 있는데, 인공지능, 빅데이터 등 인적자원을 대체할 수 있는 기술을 확보하기 시작하며 해당 분야의 가치를 전부 빼앗는 폭력적 상황이 진행되고 있다. 이런 변화를 정부가 개입하지 않을 경우 그 변화의 속도는 더욱 빠르게 진행될 가능성이 크다.

성장주 투자에 열광하다 보면 투자자의 이성적 판단이 흐려지는 현상을 자주 보게 된다. 인질이 가해자에 대한 연민을 느끼는 현상을 설명하는 스톡홀름 증후군을 현재 성장주 투자 환경에서 읽어볼 수 있다.

성장주를 잘못된 투자대상으로 볼 수 없으나 원칙적으로 당장 실적을 수반하지 않는 질이 떨어지는 주식이라는 것은 사실이다. 하지만 성장주에 매료된 투자자는 이미 인질로서 질이 떨어지는 주식에 대한 연민을 느끼기 시작하고, 동화되기 시작된다.

한편으로 인질범으로부터 구해주려 하는 경찰이나 가족을 적대시하는 현상마저 등장하는데, 감독당국이 주가 급등에 대한 제동장치를 마련하는 것에 대해 부정적으로 받아들이려는 모습마저도 일치되는 모습을 보이고 있다.

인질범에 대해 연민을 느끼게 되는 피해자의 입장에서 생각하면, 그 이전부터 스트레스가 가중되고, 생존을 위해 인질범의 상황에 동조하는 반응에서 이 같은 현상을 보이게 되는데 현재 투자자의 입장도 크게 다르지 않아 보인다.

고용불안이 계속되고 있고, 경제가 침체 위험에 노출된 것을 몸소 체감하고 있으나 투자를 하지 않으면 소외되고 사회로부터 낙오될 것이란 불안감이 투자를 자극하고 있는 것이다.

결국 경기침체에 대한 외상증후군의 현상으로 성장주에 올인하는 현상이 나타나는 것은 지극히 자연스러운 현상으로 볼 수 있다. 이 같은 현상은 인질범이 스스로 포기하지 않는다면 바뀌지 않을 것이라는 것도 당분간 성장주의 시대에 투자를 해야 하는 사람으로서 기억해둬야 할 점이다.

그렇다면 산업장벽으로 보호받으며 가치주로 우대받던 산업에 대한 투자는 어떻게 해야 할까? 우선 투자자의 관심에서 멀어진 투자 대상은 디스카운트 기업으로 정의내릴 필요가 있다.

정상 가격보다 항상 할인되고 있는 제품을 바라보는 소비자는 과연 어떤 생각을 하게 될까? 정상가격은 판매자에게 속임을 당하는 것이며, 한편으로는 지금보다 더 싼 가격으로도 구매가 가능할 것이라는 생각을 하게 된다. 결국 지금 당장 필요한 제품이 아니라면 단지 관심을 가지기만 할 뿐 실제적인 선택을 하지 않는 경우가 발생하게 된다.

주식 중에도 항상 디스카운트 되는 주식이 있다. 대외적으로 인정을 받는 기업이면서 안정성이 강한 기업이란 평가를 받을 수 있으나 투자에 있어 꺼려지는 기업이 있다. 이런 기업을 디스카운트 주식이라는 표현을 쓰게 되는데, 디스카운트의 원인은 여러 가지로 나눠 생각해볼 수 있다.

첫째, 믿음이 부족한 경우가 대표적이다. 기업이 주장하는 성장모

델이 현실적이지 않고, 실제 사업적으로 구현되는 데 준비가 되어 있지 않은 경우, 기업의 지속경영을 위해 필요한 재무환경을 믿기 힘든 경우, 투자자를 설득했던 경영목표와 전혀 다른 결과를 가져온 경우 등이 예라고 볼 수 있다.

둘째, 주가는 현재보다 미래의 기업가치가 높다는 전제 하에 투자 이유가 생기는 데, '내일보다 오늘이 비싼 게 아닐까'라는 의문이 드는 경우이다. 아무리 현재 실적이 좋다고 해도 미래에 경쟁이 치열해지거나 많은 규제와 제약이 있을 경우 비관적인 전망을 하기 쉽고, 디스카운트의 원인이 된다.

코로나19 이후의 경제환경을 다시 생각해보면, 통제할 수 없는 침체 위험에 노출된 것은 분명하지만 새로운 경제 패러다임에 맞춰 순위를 바꿔볼 수 있는 기회가 동일하게 주어진 상황으로 볼 수 있다. 이런 변화의 중심에서 뒤처지지 않도록 노력하는 기업과 시간이 모든 것을 해결해줄 것으로 생각하는 기업 사이의 투자성과는 시간이 흘러 엄청난 차이를 가져올 수 있게 된다.

이 같은 밸류에이션의 구조적 전환기에 전통산업의 변화는 절실하다. 디스카운트 환경이 개선되기 위해서는 다음의 2가지 선택이 불가피하다.

첫째, 공격적인 주주우선 정책을 이행해야 한다. 그 대상은 국내 투자자뿐만 아니라 해외 투자자에게까지 전달될 수 있도록 노력하는 것이 중요하다. 산업의 특성상 새로운 투자가 어려운 분야가 있다. 과거처럼 문어발식 경영을 해왔다면 계열사 중 역량을 집중시킬 수 있는 회사의 등장과 성장으로 저평가를 해소할 수 있는 기회를 얻을 수 있지만 현재는 드문 사례로 생각된다.

따라서 현재 경영 상황을 유지하며 제한된 범위에서의 성장을 유지하고, 대신 기업의 수익을 주주와 공유하는 노력을 강화해 안정된 투자처라는 것을 각인시키는 것이 중요하다. 단지 과거와 비교해 개선된 정도만으로 전 세계의 우량 기업과의 경쟁에서 우위를 점하는 것은 쉽지 않다. 제조업 의존도가 높은 한국 기업은 전통적으로 배당성향이 낮은 것으로 유명하다. 물론 충분히 이해할 수 있다.

새로운 혁신 제품의 생산과 설비투자를 반복해야 하는 구조를 가지고 있는 만큼 배당보다 투자를 우선해야 하는 속성을 이해 못 하는 것은 아니다. 하지만 투자 내용을 자세히 뒤져보면 관행적이며 효율적이지 못한 부문이 있을 것이고, 이를 줄이기만 해도 충분히 주주와 이익을 공유할 수 있는 기회가 주어질 것이다.

둘째, 새로운 기업으로의 변신을 시도해야 한다. 산업장벽의 보호를 받은 기업의 현재 경영진 구성을 보자. 회사에 근무하는 지난 20~30년간 회사 하나만을 바라보고 달려왔던 이들이다. 이들은 어렵게 의사결정이 가능한 감독자의 위치에 올라섰는데, 그러다 보니 모험적 의사결정을 선택하기보다 현재 안정된 경영환경이 오래 유지되도록 보수적인 선택을 할 수밖에 없다.

이 같은 현상이 몇 년 이상 계속될 경우 기업은 눈에 띄지 않게 늙

어가는 것을 한참 시간이 지나고 난 후에야 발견하게 될 것이다.

한국은 집단의 발전을 최우선으로 생각하며 지금까지 달려왔다. 조국에 대한 애국심을 우선적으로 생각하며 집단의 성공을 위해 개인이 희생하는 것은 큰 문제가 되지 않는다는 전체주의 입장이 반영된 측면이 있다.

수많은 경쟁을 이겨내고 지금의 성공에 이른 기업의 입장으로서는 또 다른 경쟁에 뛰어드는 것이 불필요하며, 상황에 따라서는 기존 체제를 위협하게 될 무리수가 될 수도 있다고 생각할 것이다. 이쯤에서 우리가 생각해볼 문제 중 하나는 한국에 부족한 장수기업의 문제이다.

기업은 경제와 삶의 변화에 맞춰 진화해야 하고, 우리의 다음 세대에게 똑같은 것을 물려주기보다는 좀 더 발전될 기회를 동시에 전하는 것이 필요한 때이다. 이름부터 업종이 포함되어 있어 '그 일 말고는 할 수 없다'는 인식을 심어주는 것은 잠재력이 큰 기업을 틀에 가두는 것과 다르지 않다.

물론 과거 재벌과 대기업 중심의 성장을 차단하기 위해 공정거래의 산업 정책이 우리 기업을 스스로 가두었던 측면도 없지 않다. 수십 년간 한국경제의 발전에 기여한 대기업은 그에 따른 성과로 엄청난 자본을 보유하고 있다. 이 자본이 다시 경제로 선순환되어야 국가경제의 변화가 가능한 것인데, 현재는 법적 장치 등으로 이 자본이 실물경제로 재유입되는 것을 차단하고 있다.

정책당국은 현재 자본이 집약되어 있는 경제주체가 누구인지 파악하는 것이 중요하며, 이들의 자본이 일자리와 새로운 성장동력을 발굴하도록 유도하는 변화가 절실한 시기라고 생각된다. 그리고 앞으로 그렇게 될 것으로 생각된다.

주린이를 위한 투자전략

포스트 코로나 시대를 지배할 수 있는 성장산업에 대한 관심이 집중되고 있지만 앞으로 1~2년 동안은 전통산업에 소속된 기업의 변화를 주목할 필요가 있다. 글로벌 경제가 회복되기만을 기다리는 기업은 투자매력이 없다. 이번 충격을 발판으로 변화를 시도하는 기업이 한국증시를 주도할 가능성이 크다.

RESET
BUTTON ON
WEALTH

투자는 위험한 경제활동이다.

좋은 투자환경에서 수익을 얻다 보면 과욕의 마음이 강해지고,

투자판단이 어려워진다.

자산시장의 과열을 미리 감지하는 것은 대단히 어렵다.

하지만 정상적 가치평가에서 벗어나는 신호를 발견하면

리스크 관리를 동시에 가동시켜 소중한 수익을 지켜낼 수 있다.

5장

폭주하는 투자시대,
이 신호를 경계하라

세계경제의 일본화,
언젠가는 부채위험이 온다

국내외 주식시장을 중심으로 투자환경과 앞으로의 변화 등을 고민해보고 있다. 투자와 관련된 자산시장의 잠재되어 있는 가치와 위험요소를 점검하다 보면 결론에 접근할수록 더 큰 경제환경의 변화를 무시하는 실수를 범하게 된다.

제 아무리 금융조건이 시장 친화적으로 바뀌어 가격 상승이 진행되어도 우리가 살아가는 사회와 경제가 실질적인 가치 변화가 있지 않고서는 일시적인 현상에 불과할 수 있다. 그렇기 때문에 빼놓지 않고 꼭 점검해야 하는 것이 거시환경에 대한 평가이다.

코로나19와 관련된 경기침체는 얼마 동안 이어질까? 알파벳 유형에 따른 경기회복 패턴에서 제시하는 V자형, U자형으로 기준하면

약 3년에서 5년 사이의 침체가 이어질 것으로 경고하고 있다. 또는 L자형과 같이 경제가 레벨 다운된 이후 뉴노멀에서 성장을 시작해야 하는 상황이라면 경제회복은 10년 이상 소요될지 모른다.

조금 더 큰 그림에서 세계경제를 점검해보자면, 세계경제의 일본화Japanization에 대한 고민을 하지 않을 수 없다. 일본화는 물가와 경제성장률이 동시 하락하는 디플레이션이 장기화되는 상황을 뜻하는 것으로 저금리 환경이 유지되지만 낮은 물가 환경이 바뀌지 않고, 부채가 기하급수적으로 증가하는 경우를 뜻한다. 선진국 지위에 도달한 일본경제는 유일하게 장기 침체에서 생존하고 있는 국가이고, 재미있는 것은 이 같은 장기불황에도 불구하고 선진국 지위가 강등되지 않고 있다는 점이다.

일본경제도 선진국에서 우수 성공사례로 표본이 되었던 시절이 있었다. 1980년대 수출 중심의 경제발전과 재정수지도 흑자가 유지되며 부러움을 사던 시절이 있었다. 1990년대 들어 쇠퇴가 시작된 일본경제는 1990년대 초반만 하더라도 GDP 대비 공공부채 비율이 70%를 밑돌았지만, 1995년 100%를 상회한 이후 현재 200%를 훌쩍 넘기는 구조적 문제점을 나타내고 있다. 1990년대 자산거품이 꺼지면서 시작한 경기침체는 지난 30년 동안 평균 성장률이 1% 수준에 머물렀다. 아베정부가 집권한 이후 일자리 증가 및 내수경기 회복으로 안정되는 모습을 보였지만 다시 추락할지 모를 위기상황에 내몰려 있다.

일본경제를 닮아가는 주요국 경제

연평균 성장률(%), 평균(%), GDP 대비(%)	1991~2000					2001~2010					2011~2019				
	미국	유럽	한국	일본	중국	미국	유럽	한국	일본	중국	미국	유럽	한국	일본	중국
실질성장률	3.4	2.2	7.1	1.3	10.4	1.7	1.2	4.7	0.6	10.5	1.4	0.4	2.5	0.3	6.7
잠재성장률	4.5	3.0	7.4	1.3	8.7	2.1	0.8	4.3	2.2	9.2	1.7	1.5	3.4	1.8	7.3
1인당 GDP	2.3	1.7	5.0	0.7	8.5	0.8	0.6	3.7	0.6	9.1	1.3	0.8	1.8	1.1	5.2
인플레이션	2.8	2.2	5.1	0.8	7.2	2.4	2.1	3.2	-0.3	2.1	1.7	1.2	1.4	0.6	2.6
노동생산성	1.7	1.4	4.6	0.9	–	1.8	0.6	3.1	0.8	10.3	0.6	0.4	1.2	0.3	5.2
GDP대비 공공부채	67	66	12	98	21	68	71	24	176	28	104	89	36	23	43
국채 10년물 금리	6.09	5.96		3.14		3.98	3.8	5.24	1.34	3.52	2.28	0.77	2.6	0.36	3.51

연평균 성장률(%), 평균(%), GDP 대비(%)	2020					2021					2022				
	미국	유럽	한국	일본	중국	미국	유럽	한국	일본	중국	미국	유럽	한국	일본	중국
실질성장률	-5.9	-7.5	-1.2	-5.2	1.2	4.7	4.7	3.4	3.0	9.2	1.6	1.4	2.9	0.5	5.7
잠재성장률	2.0	1.5	2.5	0.4	5.6	2.1	1.4	2.1	0.5	5.6	2.0	1.4	2.1	0.5	5.1
1인당 GDP	1.5	–	0.8	5.5	1.8	1.2	–	0.8	5.6	2.3	1.0	–	0.9	5.5	2.5
인플레이션	0.6	0.2	0.3	0.2	3.0	2.2	1.0	0.4	0.4	2.6	2.3	1.7	1.8	1.2	2.9
노동생산성	1.1	0.6	1.6	-0.1	–	1.6	0.7	1.5	0.2	–	–	–	–	–	–
GDP대비 공공부채	108	82	43	238	61	110	81	46	238	65	112	79	49	238	69
국채 10년물 금리	0.98	-0.34	1.32	-0.04	2.64	1.44	-0.04	1.54	0.00	2.83	–	–	–	–	–

출처 : IMF, Bloomberg, 교보증권

1990년대 이후 10년 단위로 주요국 거시지표 현황을 살펴보면, 먼저 한국경제의 변화하는 모습을 직접 확인할 수 있다. 한국경제에 대한 평가를 뒤로하고 먼저 눈에 들어오는 것은 미국, 유럽과 일본 경제가 2000년대까지 차이를 두고 있다가 2010년대부터 유럽과 일본의 차이가 좁혀진 것을 확인할 수 있다. 2010년대 미국은 금융위기를 극복하며 다시 한 번 세계경제의 엔진 역할을 수행하며 다른 선진국 경제와 차이를 유지할 수 있었다.

현재 상황을 살펴보면 선진 주요국 경제는 내수경제 의존도가 높을수록 침체충격이 더욱 크다는 점을 확인할 수 있는데, 2021년 주요국 경제는 경기부양정책의 효과와 그 파급력에 따라 조금은 엇갈린 회복 모습을 예상하고 있다. 그런데 2022년 이후를 주목할 필요가 있다. 지금 당장은 코로나19 경기침체를 극복하면 예전 모습을 되찾을 것이라 장담하지만 일본이 경험한 만성적 경기침체에 빠질 위험이 전혀 없다고 할 수 없다. 특히 우려하는 것은 1990년대 일본과 마찬가지로 자산시장의 붕괴와 동시에 국가부채 문제를 해결하지 못할 경우 세계경제는 공포의 늪에 빠질 위험이 있다는 점이다.

실제로 이 같은 걱정을 더 크게 할 수밖에 없는 신호가 속속 전해지고 있다. 미국의 공공부채 규모가 폭등했다는 점이다. 미국정부의 2019년 회계연도 기준 공공부채는 약 9,800억 달러를 기록해 역대 최고치를 경신했다. 트럼프 행정부가 출범한 이후 법인세 감면 등 각종 감세정책의 영향이 미국 정부의 재정수지를 악화시킨 측면이 크다.

2020년 회계연도가 시작할 때는 오바마 정부 시절부터 증가했던 각종 복지예산을 축소시켜 재정상황을 개선시키려고 했다. 물론 멕시코 국경장벽, 국방비 증액 등 다른 예산을 대폭 늘려 2020년 회계연도의 정부부채는 1.1조 달러를 기록할 것으로 예상했다.

그런데 예상치 못한 코로나19 문제가 터졌다. 경기침체에 진입한 미국경제를 되살리기 위해 트럼프 행정부는 경제구호기금 예산을 긴급 편성해 시장경제에 공급했다. 그 영향으로 2020년 회계연도의 정부부채가 3.7조 달러에 이를 것으로 예상된다. 그 영향으로 올해 GDP 대비 공공부채 비율이 81%에 그칠 것으로 예상했지만 2020년

폭증할 것으로 예상되는 미국 공공부채

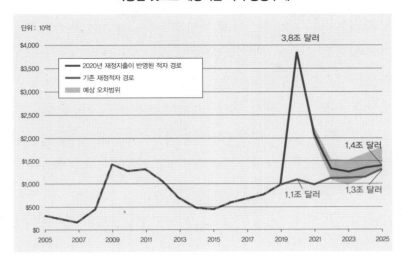

단위 : 10억

3.8조 달러

- 2020년 재정지출이 반영된 적자 경로
- 기존 재정적자 경로
- 예상 오차범위

1.4조 달러

1.1조 달러

1.3조 달러

미국 공공부채 비율 100% 돌파 예상

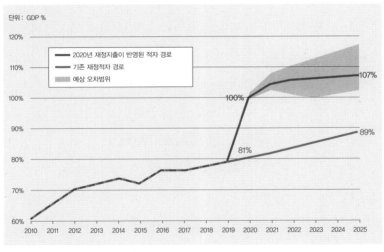

단위 : GDP %

- 2020년 재정지출이 반영된 적자 경로
- 기존 재정적자 경로
- 예상 오차범위

100%

81%

107%

89%

출처 : 미국 의회예산국(CBO)

폭주하는 투자시대, 이 신호를 경계하라

미국의 부채비율은 드디어 100%를 상회할 것으로 전망된다.

드디어 미국도 순채무국의 반열에 오르게 된 것이다. 코로나19 경기침체가 장기화되어 추가 재정지출이 불가피할 경우 미국의 부채비율은 더욱 빠른 속도로 증가하게 된다. 미국 의회예산국CBO은 현 추세대로라면 2025년 미국의 부채비율이 130% 수준까지 급증할 것으로 경고하고 있다. 가까운 시기에 미국정부는 재정수지를 안정시키기 위해 민주당, 공화당을 구분짓지 않고 지금까지 유지했던 감세정책을 포기해야 할 상황에 내몰린 것이다.

앞서 일본의 사례를 살펴본 것은 일본도 1990년대 중반 부채비율이 100%를 초과한 이후 경제가 구조적 침체를 경험했기 때문이다. 국가신용도의 추락뿐만 아니라 사라지는 일자리, 엔화 강세에 따른 수출 경쟁력 약화, 한국과 대만 등 수출경쟁국의 고속 성장 등의 위협으로 치명적인 장기불황의 쓰나미가 일본경제를 덮친 것이다. 이 시점에서 얻을 수 있는 인사이트는 크게 다음과 같이 2가지가 있다.

구조적 경기침체마저도
기회로 삼아라

첫째, 미국의 보호무역 정책기조가 쉽게 바뀌기 어려워졌다.

일본과 같은 디플레이션 위험에 빠지지 않기 위해서는 내수경기를 활성화시킬 목적이 있다. 고용불안이 지속되고 가계 소득이 줄어들어 개인의 구매력이 약화될 경우 중국과의 무역충돌을 오래 유지하는 것은 부담스럽다. 미국 내수경제를 강화시키기 위해서는 보호무역장벽을 낮추는 것이 필요할 수 있지만 장기적인 관점으로는 득보다 실이 더 클 수 있다. 재정과 경상수지를 동시에 개선시키기 위해서는 내수경제만큼 수출 부문의 경쟁력도 강화해 외부로부터 달러를 흡수하려고 노력해야 한다. 따라서 중국과의 교역분쟁은 선거결과와 상관 없이 오랫동안 유지될 가능성이 커진 것으로 평가된다.

둘째, 국가신용등급에 대한 미국정부의 관리 능력이다.

2011년 스탠다드앤푸어스는 미국의 신용등급을 AAA에서 AA+로 한 단계 강등시켰다. 미국의 붕괴로 해석된 사건이었지만 무디스, 피치 등의 신용등급은 유지되어 당시 충격이 반감되었다. 그렇다면 미국 국가신용등급의 추가 강등 가능성은 없을까? 일본의 사례를 적용하면 강등 위험은 커진 것으로 볼 수 있다. 물론 자국의 이익을 우선적으로 고려하는 미국이 국제신용평가기관을 잘 컨트롤할 수 있는지 중요한 상황이 될 수 있다.

한편으로는 미국이 신용등급 강등을 당할 경우 얻을 수 있는 혜택도 생각해볼 수 있지 않을까? 조금은 음모론에 가까운 생각일 수 있지만 국가신용등급이 강등된 것의 자존심에 상처가 난 것을 제외하고, 통화정책 수단의 한계가 가까워져 가는 상황에서 이를 활용할 가능성도 적지 않다.

투자자산 부족시대에서 강조했던 것처럼 글로벌 자본시장에는 믿을 만한 투자자산이 사라져가고 있다. 미국채권에 대해 신용등급이 강등된다고 해서 과연 썰물처럼 유동성이 빠져나갈까?

신용등급 강등이 발행금리를 상승시킬 경우 경기상황과 상관없이 미국채권은 저평가 매력을 부활시키게 된다. 이런 상황이 연출되면 글로벌 투자자본, 특히 자산가는 미국채권을 매입하기 위해 미국 금융시장을 두드릴 수밖에 없다. 조금은 먼 미래의 얘기가 될 수 있지만 국가 신용등급이 강등되는 것은 오히려 복구의 기회를 갖게 되는 것이다.

앞으로 수년 이내에 펼쳐질 가능성이 높은 시나리오로 생각된다. 일부에서는 중국을 비롯해 미국의 채권을 많이 보유하고 있는 국가들이 미국채권을 대량 매도해 무기화할 수 있다는 시나리오를 쓰기도 한다. 물론 생각해볼 수 있는 극단적 상황으로 볼 수 있으나 실현 가능성은 제로에 가까운 것으로 평가된다.

주린이를 위한 투자전략

가깝고도 먼 이웃 일본의 장기불황 사례를 걱정하는 국내 투자자도 많이 존재한다. 이론적으로는 참고해야 할 것은 분명하지만 마치 우리의 미래가 결정된 것처럼 걱정할 필요는 없다. 장기불황의 놀림을 당하는 일본이지만 아직도 선진국 지위가 무너지지 않고 있지 않은가?

언젠가 부_富는
힘이 약해진다

코로나19 경기침체를 극복해내기 위해 각국 정부가 공조체제를 이루는 것은 다행스러운 점이다. 물론 2008년 금융위기 때와 같이 G7 국가를 중심으로 협력체계가 안정적으로 구축된 것은 아니지만 정상적인 경제활동으로 복귀하기 위해서는 합의점을 찾아 발걸음을 옮길 것으로 예상된다.

'제 코가 석자'라는 표현이 가장 잘 어울리는 상황이다. 코로나19 감염 문제를 해결하지 못하는 정부는 정권이 지속될 가능성이 희박해질 것이다. 감염확산 문제를 해결하는 동시에 일자리를 보호하고, 경제를 회복시키기 위한 목표를 제시하는 것이 그 어느 때보다 중요할 수 있다.

정부와 기업, 가계가 합심해서 경제위기를 돌파하는 것도 쉽지 않은 일인데, 예전처럼 공동의 이익을 위해서 달려가는 것은 더욱 쉽지 않아 보인다. 우리는 지난 수년 동안 이른바 '탈동조화 시대'를 살아오며 각자의 위치가 달라져 있음을 느끼게 된다. 양극화가 심화될수록 사회이념과 경제논리도 더욱 극단화되는 경향을 주의할 필요가 있다.

당장 경제적 타격을 심각하게 받은 계층은 다수의 행복 추구를 위해 포퓰리즘이 강해질 것이고, 경제적 충격이 제한적인 계층은 엘리트니즘을 주장하며 다른 목소리를 낼 가능성이 크다. 경제정책을 포함해 사회 분위기가 양분되고 갈라지는 극심한 혼란의 시대를 보낼지 모른다.

분열되는 침체에 빠지게 되면 경기상황은 더욱 악화될 여지가 있다. 앞으로 4~5년간 각국 정부는 팬데믹 영향에 의한 암울한 사회분

세계경제의 공동번영 이전까지 감내해야 할 양극화

구분		동조화 (coupling)	탈동조화 (decoupling)	양극화 (polarization)
세계경제		동반 성장	차별적 성장	엘리티즘
		정책 공조	공조 와해/대립	포퓰리즘
선진국		잠재성장 약화	잠재성장 개선	경제성장 주도
신흥국		확장적 성장	성장 잠재력 약화	수축적 침체

출처 : 교보증권

위기를 통합하고, 동시에 미래세대를 위해 성장엔진을 개발해야 하는 어려운 숙제를 맡고 있는 상황이다.

2020년 경기침체를 해결하기 위해 엄청난 유동성이 공급되었다. 경기침체를 제한하기 위해 불가피한 선택이었겠지만 글로벌 주식시장의 강한 회복을 믿고 안도하는 것은 잘못된 생각이다.

코로나19 경기침체를 극복하기 위해 투입된 유동성은 미래세대에게 엄청난 짐이 될 수 있고, 그들의 삶은 예정되었던 것과 전혀 다른 곳으로 향할지 모른다. 즉 경제를 살리기 위해 우리가 쓰는 유동성은 미래의 부를 끌어 쓰고 있는 것이며, 이는 언젠가 제 위치로 돌려놓아야 할 의무가 부여된 상태이다.

안정적인 직장을 가지고 있는 한 가장이 사업을 시작하려는 상황과 비교해보자. 무료할지 모르지만 안정적인 삶을 보내고 있는 한 가장이 일자리를 위협받게 되자 노후자금, 퇴직자금을 사용해 사업을 시작한 것이다.

세상 모든 가장이 그렇겠지만 가정의 더 나은 행복을 위해 도전한 것을 비난할 수는 없을 것이다. 과감한 사업의 선택이 좋은 결과로 이어진다면 문제가 되지 않겠지만 실패할 경우 가정의 부양비용을 포함해 자식의 교육, 건강 등 다양한 지출에 있어 문제를 일으키게 된다.

가족구성원의 희생과 생계가 달려 있는 재원은 정확히 언제쯤 되돌려 놓을 것인지 구체적인 계획을 제시하는 것이 중요하다. 그래야

구성원은 혹시라도 발생할 수 있는 위험상황을 준비할 수 있는 여유를 갖게 된다.

재정정책과 통화정책의 출구전략을 경계하자

사상 초유의 경기침체를 경험했으니 정부와 중앙은행은 부양정책의 명분을 충분히 갖고 있는 것은 맞다. 신속한 결정으로 침체 충격을 차단한다면 소기의 목적을 달성한 것으로 볼 수 있다.

하지만 앞으로 변화되는 경제상황 및 시나리오를 검토해 재정정책과 통화정책의 출구전략 가동 기준 및 시점을 제시해야 그에 맞는 전략을 수립할 수 있게 된다. 여론에 따라 바뀔 수 있는 정책을 쓰며 경제주체를 위협하거나 인질로 삼는 행위는 아주 위험한 상황에 내몰릴 수 있게 된다.

재정정책과 통화정책 모두 방향을 제시하고, 사회구성원이 감내해야 할 피해, 지원받아야 할 정확한 대상의 선정기준, 상위계층의 사회적 공헌과 그에 상응하는 혜택 등 다양한 시각에서 마련된 정책을 준비하는 작업이 중요하다. 이처럼 꼼꼼한 정책 입안을 준비했을 때 사회 전체의 균형발전의 궁극적 목표에 가까워질 수 있다.

앞으로 경제정책은 철저히 중산층 비중을 높이기 위한 방법을 모

경제발전의 부정적 양극화

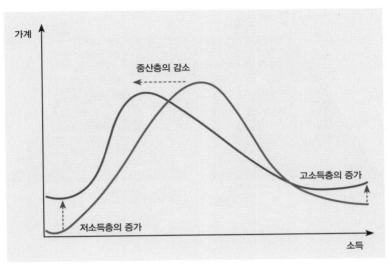

출처 : 교보증권

경제발전의 긍정적 양극화

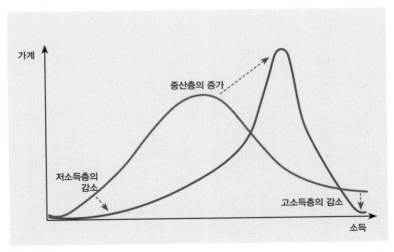

출처 : 교보증권

폭주하는 투자시대, 이 신호를 경계하라

경제 선순환을 위해 중요한 경제정책의 중립성

자산 보전

세금부과, 분배활동 강화

투자강화

고용환경 불안

정책 사각지대

비용부담 완화

일자리 부족, 소득수준 불만

소득인상 유도

공공복지 사각지대 해소

출처 : 교보증권

색하는 것이 필요하다. 중산층 감소는 결국 저소득층의 증가로 이어져 사회적 부의 불균형이 심화될 여지가 크기 때문이다. 특히 대출 규제가 강화되고 투자활동이 억제되는 가운데 소득 증가가 제한된다면 소득 상위계층으로 부가 집중되는 구조적 함정에 빠질 위험이 더욱 커진다.

장기적으로 사회 전체의 발전을 위해서는 중산층의 비중을 높일 수 있는 방법을 모색하고, 동시에 상위계층의 비중을 떨어뜨려 균형 발전의 기틀을 다지는 것이 중요하다. 물론 이 과정에 상위계층의 불만이 시장경제에 가져올 수 있는 부負의 효과에 대해 관리하는 것도 중요하다.

경제활동은 법과 규범을 앞서가는 경향이 큰 만큼 빈틈없는 정책

마련이 더욱 중요하고, 상위계층을 끌어내리겠다는 위화감을 조성하기보다 지금까지의 성공을 바탕으로 해서 우리가 속한 사회가 더욱 발전해나갈 수 있도록 기여하는 책임자 의식을 심어주는 사회문화가 요구된다.

 주린이를 위한 투자전략

팬데믹이란 특수한 상황은 경기부양 정책에 대한 명분을 강력히 만들어주었다. 하지만 금융시장 안정과 실물경제 회복이 가시화될 경우 빠른 속도로 명분은 약해질 수 있고, 정책효과를 기대했던 투자자는 혼란스러워진다. 경제활동 주체의 분열이 발생하지 않도록 정부와 중앙은행은 확실한 방향을 제시하는 것이 중요하다.

성장산업 거품이 터지기 직전의
신호는 이것이다

10년 주기로 반복되는 글로벌 경기침체, 이제는 조금 익숙해진 느낌이다. 게다가 '침체'라는 정의를 다시 생각해보게끔 만든다. 침체를 좋아하는 사람이 어디 있겠는가. 소득이 감소하고 미래경제 활동에 영향을 줄 수 있는 일자리가 위협받게 된다는 것은 아주 큰 스트레스가 될 수밖에 없다.

그런데 '침체'라는 충격을 '변화'라고 재해석해본다면 서로 불평등하다고 생각하는 사람들을 동시에 새롭게 출발선에 세운 것으로 볼 수 있다. 경기침체를 극복하는 과정에 항상 버블이 생겨왔던 과거의 역사를 다시 한 번 기억할 필요가 있고, 지금도 그 연장선에 우리는 서 있다.

역사적으로 수많은 거품경제를 경험해왔다. 그런데 흥미로운 것은 거품경제의 생성 주기가 조금씩 짧아져간다는 것이다.

지난 10년의 상황만 보더라도 금융위기 직후 미국 주식시장의 확장세, 비트코인을 포함한 가상화폐의 급등과 쇄락, 바이오 산업의 팽창과 수축 등 다양한 경험을 우리는 겪어왔다. 이들의 공통점은 우리가 살아가는 현재의 세상이 변화를 통해 더 나은 모습으로 바뀔 수 있다는 꿈이 가격에 반영된 경우라 볼 수 있다.

현재 기술주를 중심으로 글로벌 투자자의 관심이 모아지는 것은 코로나19가 누른 리셋 버튼으로 인해 전염병이란 변수를 극복하고 조금 더 발전된 사회로 나아갈 수 있다는 것을 반영한 것으로 볼 수

시대별 자산시장의 거품

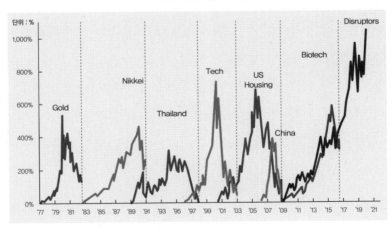

출처 : BOA, Bloomberg

있다.

성장주의 확장은 투자자의 꿈과 믿음을 바탕에 둔다. 꿈은 현실이 되기까지 바뀔 가능성은 크지 않다. 그리고 현실에 가까워지는 성과를 작게나마 조금씩 보여준다면 투자자의 확신은 더욱 강해지게 된다. 그래서 성장산업에 대한 투자를 할 때는 체계적으로 펀더멘털을 확인하는 과정이 필요하다.

성장주는 실적과 무관하다고 한다. 그런데 전혀 상관없다는 생각은 위험한 발상이다. 기업은 이익창출을 궁극적인 목적으로 가지고 있기 때문에 주주의 이익을 위해 적당한 보상의지가 있는 기업만이 제대로 된 성과를 창출할 수 있다. 만약 투자자에게 주장해왔던 것과 현실이 멀어지기 시작한다면 점진적으로 투자자의 믿음은 의심을 넘어 배신의 단계에 도달하게 되고, 이 경우 성장주의 주가는 참혹한 현실과 마주할 수밖에 없다.

성장주의 가치평가는 극단적인 경우가 많다. 성장주 주주는 성장가치를 절대적으로 신봉하지만 성장산업의 방관자들은 눈에 색안경을 끼고 기업의 허상을 주구장창 노래한다. 누구의 말이 맞는지는 시간이 한참 지난 후에야 가능하다. 기업가치가 거품인지 아닌지, 현재 주가와 시장이 과열되었는지 아닌지는 조금 더 명확한 구분이 필요하다.

성장주 투자가
정점에 접근할 때 오는 신호

성장주의 투자환경이 위기상황에 접근할 때 나타나는 신호가 몇 가지 있다. 필자가 경험한 것과 현재 변화된 투자환경을 고려할 때 크게 3가지 정도의 징후를 성장주 투자가 막바지에 이르고 있음을 알리는 신호로 제시하니 꼭 기억해두길 바란다.

첫째, 벼락부자가 등장했다는 뉴스가 전해질 때이다.

개천에서 용이 나오는 것이 얼마나 어려워진 세상인지 모든 독자는 알 것이다. 문맹률이 낮아지고 공공교육이 정착된 후 사회구성원의 지적 능력은 꾸준히 향상되어왔다. 인터넷과 모바일 등 다양한 정보전달 매체의 발전은 정보 불균형의 문제를 해소해왔고, 세상을 깜짝 놀라게 만들 아이템을 발명·발견하는 것이 얼마나 어려운지를 쉽게 느낄 수 있다.

이런 세상에서 남들과 달리 성장 아이템을 발견·발전시켜나간 선구자는 투자자로서, 기업인으로서 성공이 가능할 것이다. 꿈을 좇은 이들이 경제적으로 보상받는 것은 당연한 결과라 볼 수 있다. 사회와 경제가 발전하기 위해서는 이런 경영인의 숫자가 많을수록 좋다.

그런데 투자관점에서 보면 이런 사람들의 등장은 성장이 현실적으로 구현된 것으로 볼 수 있고, 투자자는 이들에게 더 큰 목표와 성장 방향을 듣고자 한다. 투자자본을 확보한 경영인이 멈추지 않고 다음 비전을 향해 나아가는 모습을 보인다면 문제가 되지 않겠지만 성과에 만족하며 보수적인 방향으로 선회하는 것을 보게 되면 투자자는 등을 돌리게 된다. 많은 사람들의 부러움을 사는 소식이 넘쳐나면 경계의 시선을 놓지 않는 것이 필요하다.

둘째, 기득권 산업의 불만의 목소리가 커질 때이다.

성장산업은 미래를 지배하기 위해 필요하다. 다만 이들의 등장이 이전 경제발전에 기여해왔던 산업을 흡수·통합할 수 있는지가 중요하다. 기존의 전통산업과 상생이 가능하다면 문제가 될 것이 없다. 하지만 기존산업의 일자리를 위협하는 상황이 되면 성장산업을 경계하고 밀어내려 하는 움직임이 발생한다.

전통산업의 특징은 그 사회가 발전하는 데 이미 상당한 기여를 했다는 점이다. 또한 수많은 노동자와 그에 딸린 가족들까지 지역경제에 뿌리를 내린 상황이다. 그런데 성장산업의 등장으로 그들의 삶이 위협받게 된다면 일종의 집단행동에 나설 가능성이 크다. 경제적 관점에서 생각하면 비생산적인 사회적 비용이 발생할 수 있게 되고, 누구의 편에 설 수 없는 정부 및 정치세력은 양측의 충돌에 개입할 가능성이 커지게 된다.

셋째, 성장산업에 대한 규제 관련 이슈가 등장할 때이다.

앞선 기득권 산업의 불만이 현실로 발생하는 경우이다. 성장산업이 새로운 일자리를 만들어 경제의 활력을 가져다줄 경우 정부는 당장의 개입에 적극적이지 않을 것이다. 하지만 이들의 성장과정에서

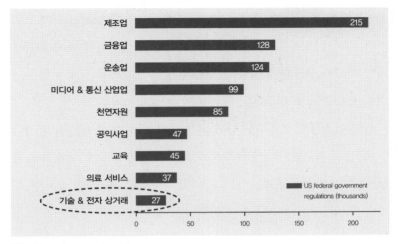

규제가 적은 미국 기술산업

	규제 수
제조업	215
금융업	128
운송업	124
미디어 & 통신 산업업	99
천연자원	85
공익사업	47
교육	45
의료 서비스	37
기술 & 전자 상거래	27

US federal government regulations (thousands)

0   50   100   150   200

출처 : US Federal government regulations

공공의 이익을 침해하는 소지가 있을 경우 규제를 통해 속도조절에 나설 가능성이 적지 않다.

미국을 예로 들면, 전통산업에 해당하는 제조업·금융업·운송업 등은 공정한 경쟁이 안착되도록, 또한 공공의 이익을 침해하지 않도록 상당히 많은 안전장치와 규제안이 마련되어 있다.

이와 대조적으로 기술산업, 바이오, 교육 등은 상대적으로 규제에서 자유롭고, 정책당국의 개입을 최소화하는 자유로운 영업환경에 놓여져 있다. 당장은 제지할 명분이 크지 않다고 생각해도 경제활동 주체 각자의 입장이 달라짐에 따라 언제든 규제 사안이 등장할 수 있다는 것을 경계할 필요가 있다.

특히 교역분쟁 과정에서 발생 가능한 외교적 제재도 관심을 가져야 한다. 직접 무역과 관련된 국가 간 제재는 관세정책을 중심으로 이미 수년째 이어지고 있다. 하지만 독점력이 강화되는 미국 플랫폼 기업에 대해 중국뿐만 아니라 유럽 선진국의 선별적 제재가 등장할 위험은 꾸준히 제기되고 있다.

플랫폼 공룡 기업의 무한한 성장을 마냥 지켜만 보지는 않을 것이다. 성장을 저해할 수 있는 정책의 등장은 성장산업의 시험대가 될 가능성이 크다.

주린이를 위한 투자전략

강한 적은 멀리하지 말고 우선 친구로 만들라고 했다. 성장하는 기업은 곳곳에 복병이 숨어 있다. 이때 등장하는 적을 친구로 만들 것인지, 싸울 것인지 평가해보자.

경제가 확장국면을 통과하면
구조적 침체가 시작된다

펜데믹 상황에 의한 글로벌 금융시장의 쇼크는 순간적으로 발생했다. 과거에 경험했던 다양한 질병 악재가 국지적인 변수에 그쳤었던 만큼 전염병 대유행에 의한 세계경제의 파급력을 무시했던 역풍을 맞게 된 것이다.

공포가 금융시장을 지배하던 미국연준과 글로벌 중앙은행은 신속히 유동성을 직접 공급해 실물경제의 충격을 제한하기 위한 노력을 시작했다. 여기에 발맞춰 개인 투자자는 영끌(영혼까지 끌어 모아)해서 주식시장에 뛰어들었다.

10년 전의 기억을 잊지 않았던 것이다. 2008년 금융위기는 코로나19만큼 공포스러웠던 글로벌 금융기관의 파산, 연쇄적으로 부실채권의 처리 과정에서 기업의 부도위험이 급증했고, 은행이 망할 수도 있다는 걱정은 뱅크런이 발생할지도 모른다는 걱정에 선뜻 투자를 실천에 옮기기 어려웠다. 최적의 투자기회였던 것을 뒤늦게 알아차린 투자자는 똑같은 실수를 반복하지 않겠다고 나름 와신상담했을 것이다.

달라진 한국증시 에너지, 동학개미의 운명은?

2020년 주식시장의 폭락은 '동학개미운동'이란 신조어가 만들어질 만큼 개인 투자자의 시장 진입에 촉매제가 되었다. 필자는 개인적으로 '동학개미'란 용어를 좋아하지 않는다. 역사적으로 동학운동은 성공하지 못한 농민운동으로 분류되어서 그렇고, 특히 '개미'라는 투자자를 낮춰서 지칭하는 표현도 마음에 들지 않는다.

외국인과 기관투자자를 1인화 해서 해석하는 경향은 있지만 이들은 대부분 '간접투자자'라는 용어가 어울리고, 개인 투자자는 직접 계좌를 개설하고 투자의 결정을 직접 내리는 '직접 투자자'의 의미가 더 크다고 생각된다. 아무튼 이 책에서는 독자의 이해를 돕기 위해 동학개미란 표현을 허용하고, 2020년 주식시장의 유동성 환경에 대해 진단해보고자 한다.

폭락했던 코스피가 강한 반등을 시도했다. 초기의 모습은 폭락에 대한 반등의 의미가 짙었다. 당시에는 주식시장의 문제보다 감염력이 강한 전염병의 관리 문제가 더욱 중요한 사안으로 다뤄졌다. 주가가 빠르게 반등했지만 폭락에 따른 기술적 의미가 짙고, 경기침체가 본격적으로 시작된 만큼 재하락 위험이 클 것으로 생각했다.

그런데 특이한 변화가 일어났다. 단기투자 성향이 짙은 투기적 자본이 유입된 것으로 보았던 주식시장에 유동성이 끊임없이 공급된 것이다. 2019년 말 25조 원을 밑돌았던 고객 예탁금은 어느새 60조 원을 상회할 만큼 폭발적인 증가세를 보이고 있다.

주식시장의 간접투자를 측정할 수 있는 주식형 펀드 설정액을 살펴보면, 2008년 약 140조 원에 달했던 주식형 펀드는 지속적으로 감소하며 현재 약 70조 원 규모로 급감했다. 아래 그래프에서 추론해볼

주식형 펀드 설정액과 고객 예탁금 추이

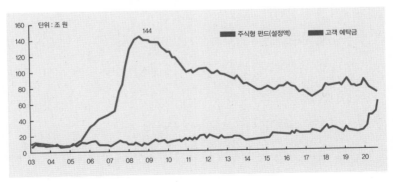

출처 : KRX, 교보증권

수 있는 것은 주식투자 활동에 있어서 개인 투자자의 선택은 전문가 집단(펀드매니저 등)을 믿고 맡기기보다 스스로 판단하고 의사결정을 하는 편을 더 선호하는 것으로 볼 수 있다.

이런 변화가 발생한 것은 크게 3가지 이유를 들 수 있다.

첫째, 펀드투자에 대한 성과가 실망스러웠다는 것이다. 코스피는 지난 10년간 상승과 하락을 반복해왔지만 현재 주가수준이 10년 전과 큰 차이를 보이지 않고 있다. 자연히 펀드수익은 정체될 수밖에 없고, 여기에 운용보수 등 각종 거래비용이 추가될 경우 채권형 펀드 성과보다 더 좋지 않은 결과를 보여왔다. 이에 실망한 투자자는 직접 의사결정에 참여하는 것을 선호하기 시작한 것이다.

둘째, 금융 및 투자 관련 지식의 습득과 정보전달 매체가 다양해졌기 때문이다.

과거 주식투자의 문제는 실시간으로 전해지는 정보를 투자자가 직접 얻는 것에 어려움을 많이 느꼈다. 정보의 비대칭성을 고려할 때 전문가에게 맡기는 것이 나은 성과를 얻는 시절도 분명 있었다. 하지만 공정거래 규범이 강화되고, 인터넷·모바일 등 다양한 정보매체의 발달로 인해 투자정보를 신속하게 확인할 수 있게 되고, 직접 의사결정을 내리는 것이 쉬워졌다. 또한 유튜브의 대중화로 많은 시장 전문가들이 전문화된 지식을 투자자와 공유할 수 있는 환경이 만들어지면서 '스마트 투자자'로 능력이 향상된 것도 도움을 주게 된 것이다.

마지막으로, 투자를 하지 않으면 미래의 자산이 감소할 것이라는 본능적 해석이 직접투자 시장에 뛰어들게 만든 이유가 되었다.

경기침체가 계속될 경우 일자리는 불안해질 뿐만 아니라 개인의 소득이 증가할 확률은 낮아졌다. 많은 사람들은 소득이 정체되는 것을 불안하게 느끼며 'N잡러(직업을 여러 개 갖는 사람)'가 되는 것을 두려워하지 않았다.

이전에도 언급했듯이 보수적인 경제활동을 통해 현재 자산을 지키기만 해도 성공하는 것이라 믿는 사람들도 있겠지만 경기침체를 막기 위해 공급한 유동성의 회수, 세금과 금리가 본격적으로 오르기 시작하면 미래의 자산은 감소할 가능성이 커진다. 이때를 대비하기 위해 미리 자산의 규모를 늘리는 선택을 하게 된 것이 주식시장으로 많은 유동성이 유입된 원인이라고 볼 수 있다.

주식시장은 앞으로 더욱 점프할 수 있다

그렇다면 주식시장에 유입되는 유동성은 어디에서 유입된 것일까? 최근 한국은행에서 발표한 시중 유동성 분석에 따르면 광의통화$_{M2}$는 3,090조 원을 훌쩍 넘긴 것으로 확인되었다. 돈이 넘쳐난다는 표현이다. 코로나19 경기침체에 맞서 한국은행도 1% 미만의 제로금리

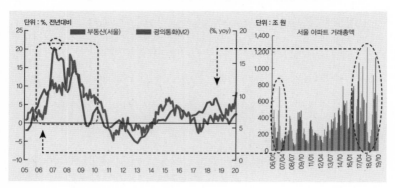

광의통화 변화율과 서울 부동산가격, 아파트 거래총액 추이

출처 : 한국은행, KRX, 교보증권

정책을 가동 중에 있고, 투자처를 찾지 못하는 자금이 투자대기 자
금으로 쌓여가고 있다는 뜻이다.

 그런데 여기서 주목할 것은 과거에도 광의통화 변화율이 증가하
기 이전에 나타나는 현상 중에 하나가 부동산 가격이 둔화될 때라는
점이다.

 2005년 이후부터 현재까지 광의통화변화율과 주택가격변화율(서
울)을 비교해보면 유동성 증가가 확대되기 1년 전부터 주택가격 상
승세가 둔화되는 신호가 있어왔다. 참고로 같은 기간의 서울 아파트
거래총액을 비교해보면 그 시점은 부동산 거래가 급증했던 기간과
일치한다.

 지금까지의 내용을 종합해 단순한 결론을 내려보면 시장 유동성
증가는 부동산 가격이 둔화되기 시작하고, 활발히 거래된 부동산 매

매자금 중 매도자금의 일부가 재투자되지 못하고 '투자대기 자금'으로 성격이 바뀌었다는 것을 뜻한다.

물론 부동산 자금과 주식투자 자금은 본질적으로 그 성격이 다르기 때문에 부동산에서 주식시장으로 자금이 이동했다는 해석은 조금 비약적인 해석이 될 수 있다. 하지만 부동산에 대한 일반적 애증을 보여왔던 수많은 투자자가 각종 규제가 넘쳐나는 부동산 시장에서 잠시 눈을 돌려 가격이 급등하는 주식시장을 그냥 바라만 보지는 않을 것이다.

따라서 고객 예탁금의 증가는 당분간 지속될 가능성이 높다. 또한 동학개미운동으로 지칭되는 직접 투자자의 절대숫자 증가는 큰 폭으로 증가 후 정착되기 위한 기로에 서 있는 것으로 평가된다.

그렇다면 주식투자의 대중화는 당분간 계속될 수 있을까? 사회진입 세대의 주택자금을 마련하는 것이 더욱 어려워진 시장에서 젊은 세대의 투자인구는 급속도로 증가할 가능성이 크다. 또한 기성세대의 투자도 이전과는 다른 패턴을 보일 가능성이 크다.

일반적으로 퇴직을 앞둔 근로자가 투자활동을 강화하는 것은 현실적으로 어렵다. 하지만 다음 페이지의 그림에서처럼 10년 전과 비교해 경제활동 주체의 소득절벽이 완만해지는 변화를 보이고 있다는 것을 생각해볼 필요가 있다.

베이비붐 세대는 직장생활을 마칠 경우 소득곡선이 급격히 침체되는 절벽현상을 경험하게 되었다. 지금보다 고금리 시대를 살아왔

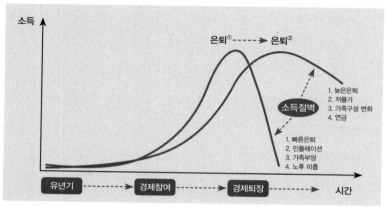

경제활동 인구 소득절벽의 변화

소득

은퇴①-----▶ 은퇴②

소득절벽

1. 늦은은퇴
2. 저물가
3. 가족구성 변화
4. 연금

1. 빠른은퇴
2. 인플레이션
3. 가족부양
4. 노후 미흡

유년기 -----▶ 경제참여 -----▶ 경제퇴장 -----▶ 시간

출처 : 교보증권

지만 동시에 물가가 높은 시절을 보냈던 만큼 은퇴 직후 구매력은
급격히 약화되는 경험을 해왔다. 또한 부모에 대한 부양의무가 컸
고, 지금보다 평균 자녀수가 많아 교육·결혼 등 노후자금이 빠르게
고갈되는 문제에 쉽게 노출됨으로써 공격적인 투자를 생각할 수 있
는 것은 일부 자산가에 국한된다고 생각할 수 있다.

그런데 최근에는 소득절벽이 예전보다 완만해지는 것을 확인할
수 있다. 우선 은퇴시점이 미뤄지며 투자활동을 지속할 수 있는 시
간을 벌게 된 것이다. 또한 각종 연금을 준비해 이전과 같이 부모 부
양부담이 줄어든 것도 기여하는 측면이 있다. 자녀에게 들어가는 비
용이 크게 바뀌지 않았지만 절대 숫자가 감소했다는 것은 투자수명
연장에 상당한 도움을 주게 된 것이다.

이미 몇 년 전 부동산 경기가 활황이었을 때 주요 매수주체가 50대였던 것도 이를 증명하는 것으로 볼 수 있다. 결론적으로 주식시장의 투자환경은 상당한 변화를 겪을 가능성이 크다.

그렇다면 지금처럼 유동성이 풍부해지는 때에 주식시장에서 어떤 일이 벌어지는 걸까? 그리고 이 시점에서 우리는 투자판단을 어떻게 내려야 할까?

우선 유동성이 풍부해진다면 주식시장은 달리는 말에 날개를 달아주는 것과 같다. 1차적으로 유동성 힘에 의한 주가상승이 시도되고, 이후 경기회복 또는 실적 개선의 모멘텀이 장착되어 강한 상승이 계속될 가능성이 크다.

하지만 주의해야 할 점이 있다. 유동성이 증가한다는 것은 여전히 금리수준이 낮다는 것을 의미한다. 금리가 낮다는 것은 아직까지 경제가 불안요소를 많이 내포하고 있다는 뜻이 된다. 유동성이 풍부해지니 경제가 지닌 악재를 잘 못 느끼는 것뿐이지 어느 순간 잠재적인 악재가 등장할지 모른다는 뜻이다.

광의통화 변화율과 코스피의 변화율(전년동기 대비)을 비교해보면 유동성이 증가할 때 주식시장은 작년보다 오른다는 것이 확인되는데, 문제는 원점으로 돌아가려는 성질도 강하다는 것을 확인할 수 있다. 이처럼 유동성이 넘쳐난다고 할 때는 수익이 발생했을 때 일부는 챙겨두는 플랜B를 생각해두는 것이 필요하다.

돌발 악재가 발생할 위험이 줄어들고, 상대적으로 편한 투자환경

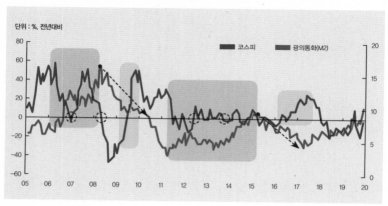

광의통화 변화율과 코스피 전년비 변화율 추이

단위 : %, 전년대비

■ 코스피 ■ 광의통화(M2)

출처 : 한국은행, KRX, 교보증권

에서 주식투자 성과를 얻을 수 있는 구간은 시장 유동성 증가가 둔화되는 시점부터가 본 게임이라고 볼 수 있다. 유동성 증가가 둔화된다는 것은 금융시장의 자본이 실물경제로 옮겨간다는 뜻이다.

기업으로 흘러갈 경우 기업의 이익은 증가할 것이다. 즉 확보된 자금을 활용해 설비투자가 이뤄지거나 고용을 일으키는 변화가 발생한다. 가계로 유동성이 흘러가는 것은 소득이 증가하고, 자연히 소비가 강화되어 시장경제는 경기확장의 선순환의 체계에 진입하게 된다.

이런 환경에서 주식시장은 추세적인 상승이 진행되고, 그러면 적어도 2년 정도 주식을 보유하면 더 큰 수익을 얻을 수 있는 국면에 진입하게 된다. 앞으로 투자자가 기다려야 할 상승국면은 바로 이때라고 할 수 있다.

결론적으로 투자자가 걱정하는 구조적 침체는 현재 시장경제에 공급된 유동성이 경제활동을 정상화시키고, 펀더멘털 회복을 자산시장이 반영한 이후에 찾아올 가능성이 크다. 2020년 1년 동안의 짧은 변화가 우리 미래를 전부 표현한 것이라 보기에는 시간이 너무 짧다. 우리는 코스피의 새로운 지수 영역을 볼 가능성이 크고, 경제 환경도 한 단계 발전한 수준으로 도약하는 것을 확인할 것이다. 투자자가 걱정하는 구조적 침체는 정상화 이후에나 찾아올 것이다.

주린이를 위한 투자전략

2020년 주식시장의 변화를 확인한 일부 투자자는 인생일대 절호의 기회를 놓쳤다고 생각하는 이들이 많을 것이다. 그런데 한국경제 및 사회에 새로운 것이 추가되고 발전되어 가는 상황에 있다면 주가 수익률의 일시적 변화가 미래를 전부 반영했다고 볼 수 없다. 투자에 있어 스스로 한계를 정하는 것은 남 좋은 일만 시키는 것이다.

기업과 가계의 경제활동을 분석하는 것만큼
경제정책과 투자환경을 진단하는 것도 중요하다.
정보공유 속도가 빨라진 현대사회는
정부의 경제이념에 따라 투자환경이 수시로 바뀐다.
보수와 진보의 경제 이념을 정확히 이해하고,
정책 무게중심 이동에 따라 결정되는 투자환경을 숙지하자.

6장

RESET
BUTTON ON
WEALTH

코리아 리셋,
드디어 부의 지도가 바뀐다

코리아 리셋,
어떻게 진행될 것인가?

코로나19라는 전염병의 대유행은 우리 삶의 모습을 바꿨다. 선진국
과 신흥국을 구분짓지 않고 보건 위험이 확대되어 경기침체의 깊이
가 날로 커져가고 있다. 이미 수많은 일자리가 사라지고, 암울한 미
래는 점점 현실이 되어가고 있다. 게다가 글로벌 주식시장의 폭등
현상에서 알 수 있듯이 상위 계층의 자산은 더욱 증가하고, 불평등
확대와 같은 사회 병폐는 더욱 심화되고 있다.

클라우스 슈밥 세계경제포럼 회장은 2020년 6월 세계 자본주의는
'The Great Reset(위대한 리셋)'을 시작하라고 주장했다. 각국 정부에
서 코로나19와 관련해 백신과 치료제를 개발해 성공할지라도 과거
의 경제환경으로 복귀하기보다 우리 경제 및 사회 시스템을 완전히

새로운 기반에서 다시 시작해야 할 필요가 있다고 역설했다. 필자도 이 책 제목의 핵심 키워드로 '리셋 버튼'이라고 정한 것은 그 주장에 동의하기 때문이다.

초기화를 뜻하는 리셋은 과거와 같은 형식과 방법을 그대로 채용할 수도 있다. 하지만 지난 과거에서 오랜 시간 잘못이 누적된 것이 있다면, 이번 기회를 통해 다시 시작할 수 있는 기회를 얻은 것으로 볼 수 있다.

리셋 후에
변하게 되는 것들

———

그렇다면 리셋되었을 때 상황은 무엇이 바뀌는 것일까? 사회구성원의 합의에 의한 기준을 새롭게 설정할 수 있게 된다는 뜻이다. 그 주체가 누가 되는지에 따라 앞으로 변해가는 세상의 모습을 그려볼 수 있게 된다.

수요자 중심에서 생각해보자. 우리가 소비하는 것에서 필요로 하는 것은 무엇일까? 현재 우리의 상황을 생각하면 저성장, 저물가 환경이 바뀌지 않고 있어 소득은 감소하고 구매력은 약화되고 있다. 자연스럽게 합리적인 소비성향이 강해질 수밖에 없어 양질의 재화를 중간마진을 제거하고 얻기를 기대한다.

온라인 쇼핑, 모바일 쇼핑이 유행처럼 번지는 것은 전염병 감염 확산을 막기 위해 통제활동이 강화된 측면도 있겠으나 원하는 제품의 가격을 손쉽게 비교하고 수요자가 가장 원하는 최적의 조건을 선택할 수 있는 방법을 찾는 과정에서 나타나는 것이다. 이처럼 '합리적인 선택'에 대한 수요자의 바람은 당분간 지속될 가능성이 크다. 그 대상은 일반제품뿐만 아니라 각종 서비스도 대상이 될 가능성이 크다.

공급자 중심으로도 다르지 않다. 새롭게 초기화된 세상에서 소비자는 예전과 가장 비슷한 환경을 다시 경험하기를 원하고, 기왕 소비를 결정하게 될 경우 혁신적이고 발전된 재화와 서비스에 대한 요구가 커질 것이라는 것을 간파하게 된다.

팬데믹 이전에 관심을 갖지 않아왔던 것을 가져볼 수 있는 기회가 생겼다면 공급자는 이 같은 대상을 빨리 만들어 공급하는 것이 우선되어야 한다. 전기차의 등장, 그린뉴딜의 필요성 논의, 인공지능을 활용한 서비스 등 모든 것이 해당된다.

정책적으로도 비슷하다. 정부가 현재 가장 크게 고민하는 것은 '수많은 일자리가 사라진 것을 어떻게 만들어낼 수 있는가'일 것이다. 전염병 문제를 수습하는 것이 가장 시급하다고 생각할 수 있고, 질병 문제를 극복하면 예전의 일자리가 그대로 되살아날 것이라 믿을 수도 있지만 미래의 모습을 단정적으로 확신할 수는 없다. 이미 팬데믹 상황에서 적응을 마쳐가는 기업과 자영업자들은 바뀐 시스템에 적응해가며 굳이 일자리를 공유하며 무리할 필요가 없다는 판단을 내렸을지 모른다.

그래서 정부는 미래지향적인 성장 아이템을 계속 고민하고 경제활동 주체에게 메시지를 보내는 활동을 계속하는 것이다. 최근 그린 에너지, 지적재산에 대한 보호강화 등 무형적 가치를 찾고 새로운 산업의 등장을 추진하는 것은 같은 의미라고 볼 수 있다.

코리아 리셋은 현재 사회를 살아가고 있는 우리에게도 중요하지만 그보다 우리 미래세대의 운명을 결정지을지 모른다. 또한 초기화된 경제 및 사회 모습의 변화는 우리 주식시장에도 반영될 가능성이 크다. 투자자는 해당되는 시간을 중요하게 생각할 필요가 있으며, 앞으로 닥칠 수 있는 위험에도 대비하는 것이 필요하다.

주린이를 위한 투자전략

경제가 성장하기 위해서는 균형적인 공급과 폭발적인 수요증가가 동시에 발생할 때에야 가능해진다. 새로운 경제환경과 투자 패러다임이 변화하고 있다면 무엇이든 새로운 재화와 서비스가 등장하고, 그 분야에서 성장을 발견할 수 있다는 뜻이 된다. 익숙함에 나태해지기보다 새로움에 도전할 수 있는 자세는 유망투자 자산을 고를 수 있는 기본적 소양이 될 수 있다.

당분간 계속될 미중충돌,
새우는 깡으로 버틴다

지난 2018년부터 한국경제, 특히 한국수출은 시름이 깊어만 갔다. 미국과 중국의 무역전쟁의 중심에 한국은 방향을 찾지 못하고 우왕좌왕하는 모습을 보였다. 물론 한국만 어려움을 겪은 것은 아니다. 미국과 중국의 경제 및 안보패권을 차지하고자 하는 충돌과정에서 한 쪽을 선택하는 것은 어려웠다. 각국 정부가 교역조건을 타이트하게 가져가는 것은 어쩔 수 없었다.

미국의 트럼프 대통령은 김정은 위원장과 한반도 비핵화에 대한 노력을 추진해 안보문제에 있어 협력관계를 유지해왔다. 중국과는 사드배치 이후 냉각되었던 지역경제 파트너로서 지위를 복구시키고자 하는 노력을 이행해왔다. 따라서 당장은 둘 중 누구를 선택하는 것이 한국에게 유리한지 판단하기는 어렵다.

　미국 49대 대통령으로 조 바이든 민주당 대선후보가 당선된다면 안정보다 변화를 선택한 미국민의 결정으로 외교 및 통상정책의 변화가 있을 것이란 기대를 갖는 것은 자연스러운 반응이다. 하지만 화해의 과정에서 미국이 다른 나라에 양보하거나 굴복당한다는 평가를 절대로 원하지 않을 것이다. 외교전쟁에 있어 동반 우승이란 있을 수 없다. 승자가 있으면 패자가 있을 수밖에 없는 법, 즉 현재의 교역환경은 당분간 바뀌지 않을 것이다.

미국과 중국의 관계개선?
새로운 지도자의 등장과 함께 시작되다

━━━

군이 희망한다면 미국과 중국의 지도자가 전부 새롭게 바뀐 이후에 고려해볼 만하다. 마치 한반도의 휴전협정이 체결되던 상황이 투영되기도 한다.

　한국전쟁 당시에도 미국과 UN연합군의 참전과 소련의 군사적 지원의 충돌과정에 중공군이 개입하며 한반도의 전쟁상황이 한치 앞을 예상하기 힘든 상황이 있었다. 1953년 1월에 이르러 미국 아이젠하워 '신임' 대통령은 이승만 대통령의 확전 주장을 일축하고 휴전을 권유하는 선택을 하게 되었다.

이즈음 소련에서 스탈린이 3월 5일 갑작스럽게 사망하게 되자 빠르게 휴전회담이 논의되었다. 휴전회담이 개시된 지 24개월 17일 만에 3년 넘게 이어진 전쟁이 종식되고 휴전협정에 서명하며 마무리가 되었다.

결론적으로 미국과 중국의 교역 대치상황은 단시간에 해결될 문제는 아니라는 뜻이다. 이전과 같이 평화적인 교역환경, 다시 말해 한국의 수출동력이 최대 출력으로 가동되기까지는 시간이 많이 남아 있다고 볼 수 있다. 한국은 수출 이외의 성장동력을 빨리 확보하는 것이 필요하다.

한국의 내수경제 상황은 참혹하기만 하다. 내수경제가 고통스러운 빙하기를 보내고 있으나 한국은 밖으로 시선을 돌리는 것이 필요하다. 코로나19 문제를 해결하는 과정에서 자국의 상황만을 생각할 것이 아니라 교역 대상국과 협력관계를 강화하고 미래의 동반자 위치에 설 수 있는 사전작업을 이행하는 것이 중요하다. 대표적으로 K방역과 관련해서는 동맹국 및 지역사회와 공동 대처의 노력을 하는 것이 필요하다.

공교롭게도 경제환경뿐만 아니라 외교지형의 변화가 발생하고 있다. 특히 선진열강의 지도자가 교체되는 현상이 발견되는 것이다. 일본의 아베 총리, 미국의 트럼프 대통령을 시작으로 조금은 폐쇄적인 정책 스탠스를 보여왔던 강자(?)들이 물러서고 있다.

조금은 시야를 넓혀 현재 상황을 분석하면 이전보다 포용적인 정책으로 자기 편 만들기의 메시지가 넘쳐날 가능성이 커졌다. 경제 발전뿐만 아니라 공동 번영의 중장기 플랜을 제시하며 동참을 요구하는 방향으로 흘러갈 가능성이 크다. 국가만큼 개인을 중시하는 정책, 삶의 방식과 언어는 다르지만 행복을 같이 향유할 수 있다는 콘텐츠의 개발, 이것이 우리가 나아가야 할 길이다.

 주린이를 위한 투자전략

한국의 지리적 이점이 때론 약점으로 돌변하기도 한다. 경제와 안보, 무엇 하나 버릴 것이 없다. 우리 후손들을 위해서는 경제와 안보 모두 자주성을 갖기 위해 노력해야 한다. 모든 것이 완벽해졌다는 판단이 들기 전까지는 균형감을 끝까지 유지해야 한다. 미국과 중국, 우리도 그들이 필요하지만 그들도 우리가 필요하다.

보수와 진보의 경제이념을
이해해야 투자도 쉽다

한국의 사회 및 경제를 초기화시키는 과정에서 변화의 틀을 이해하는 것이 중요하다. 특히 한국사회는 문재인 대통령의 취임 이후 사회 및 정치 환경에서도 상당한 변화를 경험하고 있다. 한국의 정치문화는 아직 발전단계에 있으며, 성숙된 위치에 도달하기까지 많은 시간이 걸릴 것으로 예상된다.

필자가 이 문제를 지적하려 하는 것은 어떤 정당을 지지하는 것이 한국사회와 한국경제를 위해 무엇이 옳다는 것을 주장하려는 것이 아니다. 이미 미국과 영국 등 선진화된 정치 문화를 갖고 있다고 믿는 나라조차 시스템에 빈틈이 드러나는 경우가 많다.

한국 정치문화는 여전히 발전단계에 있다. 정치 이념적 차이가 크게 확인되고 있고, 사회구성원은 이를 중심으로 극단적인 편가르기로 나뉘는 경우가 많은데 양측의 장단점을 정확히 이해하고, 한국사회가 올바른 길로 나아가기 위해 부족한 점은 무엇인지 생각해보기 위해 이 내용을 적는다.

특히 정치 상황은 경제정책의 변화에도 직간접적인 영향을 준다. 보수와 진보로 나뉘는 특정 정당이 정권을 잡게 되었을 때 경제는 어떤 반응을 보이는지 먼저 이해를 해야만 자산시장, 주식시장 등에서 전략 스탠스를 잡는 것이 수월해진다.

또한 앞으로 몇 년이 지나 새로운 지도자를 뽑는 선거를 앞두고 있어 미리 점검하는 차원에서 적어보려고 한다. 다시 한 번 어떤 정당을 지지하기 위함이 아니라는 것을 강조하며, 역사적으로 우리가 경험한 정부와 현재 상황 등을 비교해 앞으로의 나아갈 방향을 독자 스스로 고민해봤으면 싶다.

실력 우선주의를 강조하는
보수의 경제이념

보수의 사전적 의미를 살펴보면 새로운 것의 변화보다 현 체제 상황을 지키고, 점진적인 개혁과 변화로 유도하는 정치 이념을 뜻한다. '지킨다'는 의미가 담겨 있는 보수는 현재를 중요하게 생각하는 만

보수의 경제이념

세상을 좁게 본다.
인지하는 세상의 바깥쪽은 나와 상관 없는 세상으로 인식한다.
(신경 쓸 필요 없고, 관심 가질 필요가 없다.)

인지거리가 짧다.

보수

출처 : Findhappy.net

큼 변화를 두려워하는 경향이 있다.

그래서 정책 담당자는 인지거리가 짧고, 대신 단기간에 빠른 효과를 얻을 수 있는 성격을 가진다. 일반적으로 정부가 주도하는 속성 경제정책을 가동하는 경우, 이는 대부분 보수적 경제이념이 반영된 것으로 볼 수 있다.

보수의 경제는 자유주의, 시장주의로 설명이 가능하다. 보수는 '현상유지'의 보존주의를 함축, 변화에 배타적이며 적자생존, 양육강식 등 능력 지향적 관점을 강조한다. 보수의 신성한 가치는 평등보다 자유를 우선하고, 국가경제 관점에서 보면 핵심역량에 대한 집중적인 투자를 하는 것을 예로 들 수 있다.

자유주의와 시장주의를 중요시하는 보수경제는 모든 경제활동 주체를 동일한 출발선에 위치할 수 있도록 유도한다. 최대한 동일한 출발선에 설 수 있도록 기회를 제공한 후 결과 및 성과에 따라 대우를 하는 실력 우선주의의 경제이념을 강조하고 있다.

긍정적인 관점으로 보면 핵심역량을 국가경제에 빠르게 장착하고 성장목표를 사회구성원에게 정확히 제시하는 장점을 갖게 된다. 하지만 모든 사회구성원의 현재 위치를 동일하게 만들기 어려워 경제적 부의 격차를 확대하는 계층 간 불만을 더욱 확대시킬 수 있다는 단점을 드러내게 된다.

이상주의를 추구하는
진보의 경제이념

현재를 중요시하는 보수와 달리 진보는 '앞으로 더 나아갈 수 있다'는 이상주의를 함축한다. 윤리 중심의 사회를 추구하며 개방적이고 다양한 문화와 트렌드를 받아들이는 포괄적 자세를 취한다. 경제와 사회가 목표로 하는 최종목표의 인지거리가 길어 단기적으로 발생되는 구성원 사이의 충돌과 사회적 비용에 경제발전과는 무관하다는 입장을 주장한다.

목표에 대한 인지거리가 긴 만큼 진보의 경제이념에 대해서는 구체적이지 않고 추상적이며, 이론적일 뿐이라는 얘기를 듣기도 한다. 물론 이 같은 평가는 보수경제 이념의 관점이라는 점에서 중립적 해

진보의 경제이념

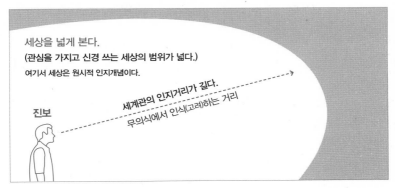

세상을 넓게 본다.
(관심을 가지고 신경 쓰는 세상의 범위가 넓다.)
여기서 세상은 원시적 인지개념이다.

진보

세계관의 인지거리가 길다.
무의식에서 인식(고려)하는 거리

출처 : Findhappy.net

석이 아니다.

진보경제와 보수경제의 가장 큰 차이점은 결과에 있다. 진보경제는 모든 경제활동 주체의 출발이 같을 수 없다는 점을 인정한다. 하지만 최종목표에 도달하는 것은 서로 비슷해야 하며 정부의 기능은 모든 구성원이 동일한 위치에 설 수 있도록 유도하는 이상적 관리에 대한 개념에서 보수경제와 가장 큰 차이점을 갖게 된다.

그리고 사회 소외계층에 대해서는 정책 측면으로 더욱 지원하고, 기득권 계층에 대해서는 사회적 공헌활동을 유도해 사회의 동반번영을 위한 어젠다를 주장한다.

경제란 사회에 소속된 경제활동 주체의 재화 및 서비스의 교환, 즉 돈의 흐름을 숫자로 확인하는 것이다. 돈이 순환하면 새로운 가치를 생산하고, 이는 곧 경제성장을 뜻한다. 그런데 돈의 순환에 대

보수경제가 주장하는 낙수효과

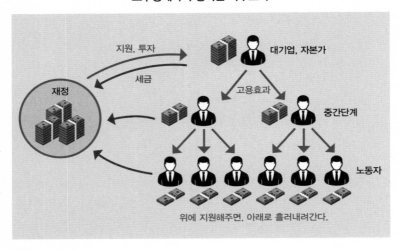

출처 : Findhappy.net

진보경제가 주장하는 복지효과

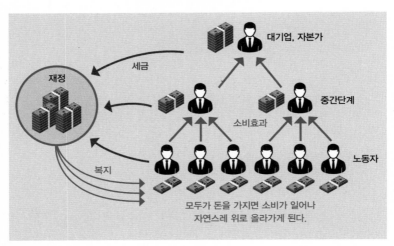

출처 : Findhappy.net

해 진보와 보수의 관점은 서로 다르다.

진보의 경제순환은 일명 복지효과로 통용된다. 강력한 조세제도를 활용해 기업의 부가 멈춰 있지 않도록 유도하며, 이를 바탕으로 확보된 재정을 다수의 구성원(노동자)이 누릴 수 있도록 도와 가계의 소비를 장려해 경제발전과 기업성장을 유도하는 것이 진보의 경제순환이다.

보수의 경제순환은 경제 시스템에서 일자리와 생산을 담당하는 기업의 부담을 최대한 낮춰 기업 스스로 사회적 지원 및 투자활동을 강화해 고용효과가 가계의 부를 증가시킬 수 있도록 유도하는 낙수효과를 지향한다.

한국의 정치문화가 성숙된 단계로 진입하게 된다면 경제정책은 중도 성향을 가져가는 것이 필요하다. 지난 시간 동안 경제정책 이념은 한 쪽으로 기울어져 생긴 문제를 뜯어 고칠 때 조금 더 세심한 조율이 필요하다고 생각된다. 그래서 한국사회와 한국경제의 특성을 이해하는 것이 중요하다.

2020년 한국경제는 계층간 부의 불균형이 크게 확대된 상황에 있다. 이 문제를 수습하기 위해 과격한 정책을 이행했을 때 상위계층 및 기업의 저항이 커질 수 있다.

정책당국 입장에서는 이 같은 저항이 불가피하다고 생각할 수 있지만 문제는 이 과정에서 경제가 받는 충격을 가볍게 생각해서는 안 된다는 데 있다.

이런 내용을 언급하는 이유는 투자전략은 밸런스를 찾아가는 과정에서 투자의 방향이 결정되기 때문이다. 앞으로 한국경제는 어떤 정치문화와 협력관계를 이어가게 될까?

주린이를 위한 투자전략

투자전략을 수립하는 데 있어 보수와 진보, 누가 정치를 잘하느냐는 중요하지 않다. 시대적 요구에 따라 정치환경이 결정된 후 그들이 제시하는 정책환경에 빠르게 적응하는 것이 중요하다. 영원한 정권과 불변의 정책은 존재하지 않는다. 변화의 흐름을 읽고 상황에 맞는 대응전략을 수립하는 것이 더욱 중요하다.

정부기능과 역할변화에 따른
투자 패러다임의 이동

필자는 정치와 관련해 전문지식을 갖고 있지 않다. 그럼에도 불구하고 정부의 기능을 말하려 하는 것은 현재 한국사회가 경제발전을 이루어낸 것처럼 문화·정치 측면에서 변화가 일어나고 있고, 정치 지형의 변화는 경제정책에도 영향을 주어 앞으로 바뀔 경제상황을 생각해볼 수 있기 때문이다.

사실 필자는 2016년 초반에 한국경제연구원에서 발표된 〈정부의 역할, 그 새로운 도전(조성봉 저, 2005)〉이라는 보고서를 읽고 아주 깊은 감명을 받았다. 이 보고서를 통해 정부의 기능과 정책방향의 변화에 따라 국가경제 시스템이 반응하고, 경제 및 투자환경의 색깔이 결정된다는 것을 이해할 수 있었다.

필자는 이 연구논문을 탐독하고 응용해 투자전략, 자산시장 전망, 경제정책 등 다양한 분야에 대한 보고서를 작성하고 세미나를 진행할 수 있었다. 이 책의 본문에서는 이 보고서를 탐독하는 과정에서 가장 인상 깊었던 것과 필자가 응용해 인사이트를 얻었던 것을 기술하려고 한다.

정부는 사회구성원의 경제활동을 돕고, 경제활동에 따른 경과를 안정적으로 유지하는 역할을 맡는다. 국가의 경쟁력은 기업과 가계의 발전과정에서 얻게 된다. 기업의 매출이 늘고 가계의 소득이 증가하면 정부는 재정수입이 커져 서로 상승 작용을 일으킬 수 있다.

정부가 이들과 협력관계에 있는지, 긴장관계에 있는지에 따라 활동량과 범위가 결정된다. 이렇다 보니 정부의 권한이 큰지 작은지, 이들의 정책 방향이 보수인지 진보인지에 따라 경제의 색깔은 시시각각 변하게 된다.

정부의 기능과 역할에 따라 경제의 색깔이 결정된다

수많은 경제학자들(아담 스미스, 마르크스, 케인즈, 하이에크 등)은 각자 주장하는 경제이론에서 정부의 기능을 강조한 바가 있다. 이들이 주장했던 경제이론에서 기업과 가계의 경제활동은 사실 큰 차이를 두지 않고 있다. 오히려 사회구성원의 관계와 경제적 부를 공유하는 방법에 있어서의 차이, 즉 정부가 경제와 사회를 조화롭게 만드는 방식의 개념의 차이가 여러 학파를 만드는 데 기여한 것으로 생각된다.

이 보고서에서는 '정부의 역할' '기업가의 역할' '세계적인 시장경쟁'에 따라 경제환경이 '관리경제' '자유경제' '개혁경제'로 구분된다고 정의했다.

이 보고서의 연구내용을 여기서 다시 기술할 필요는 없을 듯하므로 필자가 응용한 것으로 바로 설명하도록 하겠다. 필자도 경제환경에 대

관리-개혁-자유경제의 구분, 역기능과 순기능

국가우선주의(정부권한 강화)
순기능: 사회적 불균형 해소
역기능: 정경 특혜시비 발생 위험

한국경제

관리경제
(Managed Economy)

개혁경제
(Reformed Economy)

자유경제
(Free Economy)

기업자본주의(기업자율 강화)
순기능: 빠른 경제성장, 기업 세계화
역기능: 사회적 불균형 심화(소득계층, 기업 vs 개인)

대중주의(독점방지, 규제강화)
순기능: 균형성장 가능, 불균형 해소
역기능: 성장성을 훼손하는 규제, 작은 정부

출처 : 조성봉(2005), 교보증권

해서는 '관리-개혁-자유'로 구분하는 보고서의 시각에 동의한다.

대신 경제활동 주체인 정부·가계·기업 중에 경제의 중심축이 누가 되느냐에 따라 경제환경이 국가우선주의Nationalism, 대중주의Populism, 기업자본주의Capitalism로 나눠진다고 분석했다. 각각 경제환경은 장단점을 가지고 있으며, 내생적 문제점을 갖게 될 경우 정권 교체의 사회적 요구가 커지고, 정책 환경의 변화도 뒤따르는 것을 확인할 수 있었다.

한국 정부와 경제는 직선제가 도입된 1988년 이후 현재까지 이 순환적 환경이 틀리지 않고 적용되고 있음을 확인할 수 있었다. 그렇다면 먼저 각각의 경제환경의 특성과 내생적 문제점을 점검하고, 한국경제의 지난 모습과 비교해보도록 하겠다.

관리경제Managed Economy는 정부의 강력한 권한을 바탕으로 계획경제가 작동되는 경제환경을 뜻한다. 기업과 가계의 협력 및 충돌상황을 정부가 강력히 통제함으로써 성장을 이끌어낸다.

관리경제 환경에서는 정부가 제시하는 성장전략에 대해 사회구성원이 뒤따르게 되고, 이 경우 경제는 신속한 의사 결정에 의해 빠른 성장을 이루어낼 수 있다. 빠른 경제발전은 국가 지도자의 위상을 더욱 높여줄 수 있게 되고, 정치문화의 발전을 저해하는 문제를 갖게 된다.

또한 특정 권력계층으로 권한이 편중됨으로써 정경유착의 부조리가 늘어나고, 사회 곳곳에 부정부패가 증가하는 부작용을 경험하게 된다. 만약 시대적 변화를 따르지 못하고 체제를 방어하고자 하는 정책 스탠스가 확인되면 기업과 가계는 이에 상당한 저항의식을 나타낸다.

개혁경제Reformed Economy는 관리경제의 문제를 해결하고자 하는 것에서 시작된다. 개혁경제는 개방과 경쟁의 원리를 통해 경쟁력을 강화하고, 관리경제가 가지고 있던 구조적 문제를 해결 및 개혁하는 목표를 가진다.

정경유착 과정에서 강한 권력을 가지고 있던 정부와 기업을 견제하기 위해 세계적으로 표준화된 규제와 법안 마련이 활성화된다. 일시적으로 정부와 기업의 경쟁력이 약화됨으로써 경제 시스템의 기능이 저하되는 현상이 나타나는데, 이를 보완하기 위해서 자본시장의 기능을 지지하는 정책을 수행하게 된다.

개혁경제의 장단점을
파악하자

경제위기를 극복하는 과정에는 개혁경제의 환경이 쉽게 조성된다. 침체 환경을 극복하기 위해 사회구성원은 정부에 대한 강력한 지지를 보이게 되고, 구조조정을 진행하며 사회의 경제적 부가 불균형인 상황을 해결하는 데 명분을 심어주게 된다.

과거 일본이 전후 생존한 관료층을 중심으로 정부 주도로 경제 재건을 일구어냈고, 미국도 대공황을 야기한 '월가의 탐욕'을 개혁한 후 뉴딜정책을 이행하면서 이루어낸 개혁경제는 성공의 표본으로 평가받고 있다.

물론 개혁경제가 가지고 있는 문제점도 존재한다. 정부가 목표로 했던 경제적 성과를 이루어내지 못할 경우 엄청난 역풍을 맞을 가능성이 상대적으로 커진다. 구조개혁을 강력히 추진하는 상황에서 기업의 참여를 이끌어내지 못할 경우 국가 경쟁력이 도태되는 문제를 일으키게 된다.

관리경제 환경에서 문제가 있던 것을 오래 지속할 경우에 기업은

경제정책의 목표와 차이

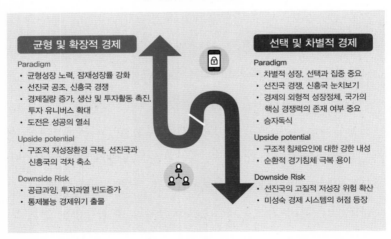

출처 : 교보증권

아무래도 의기소침해지고 현 상황을 유지하는 보수적인 경영활동으로 경제의 발목을 잡을 수 있게 된다. 또한 균형성장을 이끌어내기 위해 만든 수많은 법들이 경제활동을 둔화시키는 족쇄가 작용하는 경우가 있다.

자유경제Free Economy는 경제환경의 중심축이 기업으로 이동해 기업의 창의성과 노력에 의해 경제발전을 이루어내는 환경을 뜻한다. 이 기간에는 정부의 권한이 크게 작아지고 경제활동 주체의 자율성을 지지한다. 개혁경제 환경에서 문제가 된 경쟁력 약화를 보완하기 위해 산업발전 정책이 보완되고 관치금융, 정경유착 등의 문제를 극도로 경계한다. 자유경제는 상품시장, 금융시장, 자본시장 등 다양한 주체의 참여로 자유로운 경쟁과 시장균형이 가져오는 전통적 경제이론의 후생극대화를 목표로 한다.

자유경제 환경의 대표적인 예는 19세기 말부터 20세기 초반의 미국경제에 해당되며, 정부규제를 철폐하고 공기업을 민영화하면서 경제발전을 이루어낸 이른바 '레이거노믹스Reaganomics'가 그 대표적인 예라고 할 수 있다.

자유경제가 가지고 있는 문제는 부의 불평등이 극심해진다는 데 있다. 개인의 사유재산을 보호하고 계약의 자유를 지지함으로써 경제활동을 선도하는 계층으로 부가 집중되는 경향을 나타낸다.

지금까지 '관리-개혁-자유' 경제환경에 대해 점검해보았다. 이 3가지 경제환경이 순환적 연결고리를 갖고 있다는 것을 보면 절대적으로 가장 이상적인 경제환경은 존재하지 않는다는 결론을 얻을 수 있다. 우리가 누구에게 투표를 하건 사회와 정치, 경제는 발전하고 있으며 가장 이상적인 국가에 가까워질 때까지 이 순환구도는 바뀌지 않을 것이다.

주린이를 위한 투자전략

모두를 만족시킬 수 있는 정책은 없다. 국가와 사회는 이상적 모습에 다가서기 위해 도전하고 성공과 실패를 반복하며 발전하게 된다. 각자의 사회적 위치에 따라 정책에 순응할 수도, 저항할 수도 있다. 각자 경제 및 투자활동의 코드가 잘 맞는 정권이 있다면 때를 기다리는 것도 필요하다. 투자는 유연한 사고에서 신속한 대응이 가능해진다.

정권의 이념과 특성을 이해하고
투자전략을 수립하자

앞에서 간략히 설명한 '관리-개혁-자유' 경제환경을 읽으며 벌써 한국경제의 지난 30여 년이 머릿속에 그려진 독자분들도 계실 것이다. 그럼 시작해보자.

한국경제는 1997년 외환위기 이전까지 관리경제에 가까웠던 것으로 이해할 수 있다. 박정희 정권 이후로 철저한 계획경제가 뿌리를 내렸고, 6·25전쟁이 끝난 후 풀뿌리밖에 남아 있지 않은 가난한 나라를 중진국의 위치까지 끌어올렸다.

놀라운 경제발전을 이루어낸 것은 박수받을 일이지만 정치·사회 시스템의 발전은 낙후되어 부정부패가 곳곳에 만연한 문제를 갖고 있던 상황이었다. 아시아 외환위기는 빚에 의존해 외형 확대만을 목표로 두었던 한국기업을 글로벌 스탠다드로 탈바꿈시키는 중요한 사건으로 해석할 수 있다.

IMF위기를 겪은 한국경제는 고통스러운 시간을 보내야 했지만 1988년 직선제 이후 처음으로 문민정부가 출범하며 개혁경제의 환경이 마련되었다. 기득권 세력의 상당한 저항이 있었지만 정경유착의 연결고리를 끊어내기 위해 힘든 시간을 보내야만 했다.

개혁경제가 자본시장의 역할이 중요하다고 말했던 것처럼 김대중 정부 시절 미국의 IT 붐에 편승해 한국에서도 벤처 붐이 불며 닷컴 버블에 편승하는 변화를 보였다. 노무현 정부 시절에도 차이나 모멘텀이 강화되며 코스피가 사상 처음으로 2000P를 돌파하는 저력을 보였고, 부동산 시장 과열을 억제하기 위해 수많은 정책이 가동되는 반응을 보여왔다.

진보정권과 보수정권의 경제정책

2008년 미국 금융위기는 다른 나라와 마찬가지로 한국경제에 치명적인 상처를 남겼다. 제2의 외환위기를 걱정하던 시기에 정권교체가 이루어져 10년 만에 다시 보수정권인 이명박 정부가 출범하게 되었다. 청계천의 기적을 일군 기업 CEO 출신 대통령의 당선으로 한국

경제는 다시 수출중심 국가로 우뚝 서기 위한 출발을 시작한다. 스마트폰의 등장과 한국 완성차의 시장 점유율 확대, 동일본 지진 영향으로 화학산업과 정유산업이 고속성장하는 저력을 보여 한국경제는 미국 금융위기 이후 가장 빨리 경제가 정상궤도로 복귀한 나라로 평가받게 된다.

시장의 자율성을 존중하는 자유경제 환경이 짧게 이어지는 동안 다시 권력형 비리 문제가 등장하게 된다. 박근혜 대통령은 최순실 사태를 겪으며 대통령으로서는 처음으로 임기 전에 하야하는 초유의 사건을 경험하게 된다. 그리고 현재 문재인 대통령의 당선과 함께 관리경제를 짧게 보내고 다시 개혁경제로 순환중에 있다.

지난 30년 정권교체의 과정과 경제환경의 변화를 점검하는 것이 앞으로 정권교체 시점을 예상하고자 함은 아니다. 정부의 역할에 따라 현재 경제환경을 파악하고 그에 맞는 투자전략을 수립하는 것이 목적이다. 특히 2022년 한국 대선이 예정되어 있다는 것은 코로나19 시대를 극복하고 한국경제 환경이 리셋된 상황에서 우리에게 필요한 것은 무엇인지 고민해보기 위함임을 다시 한 번 강조한다.

이제 투자전략 수립을 위한 사전조사를 해보려고 한다. 직선제로 당선된 노태우 대통령 이후 한국정부는 10년 주기로 보수와 진보 정권교체의 과정을 겪었다.

그렇다면 이에 해당되는 기간 경제와 자산시장(주식과 부동산)의 성과는 어땠는지 확인해보겠다. 표본 데이터의 검증기간은 정권이 들

보수와 진보 정권교체 국면별 거시지표 및 자산시장의 변화

구분		보수 1988~1997	진보 1998~2007	보수 2008~2016	진보 2017~현재
경제	경제성장률(실질)	8.4	4.9	3.0	2.78
	국민총소득	8.3	3.8	4.1	3.5
	총고정자본형성	11.4	2.7	2.6	0.4
	건설투자	11.2	0.9	2.2	0.06
	설비투자	11.5	5.3	2.5	2.2
	산업생산 변화율	7.3	8.7	3.5	2.1
	최종소비	8.0	3.9	2.5	4.8
	소비자물가	6.2	3.0	2.0	1.2
	생산자물가	3.8	1.9	1.3	1.3
	광의통화(M2)	21.4	9.3	6.7	6.6
	은행대출	17.1	15.3	5.9	6.1
자산	주가변화율	−6.7	23.9	3.4	5.6
	주식거래대금 변화율	20.0	53.2	1.3	64.6
	상장주식 시가총액	4.8	39.4	6.1	5.8
	배당 수익률	1.60	1.74	1.33	1.8
	주택가격(전국)	3.4	4.0	2.2	2.1
	주택가격(서울)	3.7	6.7	1.1	7.2

출처 : 한국은행, 통계청, 교보증권

어선 해를 포함해 교체되는 직전연도를 기준으로 검증해봤다.

어떤 정권이 잘했는지 못했는지를 평가하고자 하는 데이터가 아니며 보수와 진보성향에 따라 참고할 수 있는 특성을 찾기 위한 것임을 다시 한 번 강조한다. 또한 시대별로 대외 경제환경이 다르기 때문에 경제성과가 정부의 경제운영 능력을 평가하는 것이 아님을 기억해주길 바란다.

보수정권 기간 한국경제의 특징은 투자활동의 변화가 크다는 것이 인상 깊다. 관리경제와 자유경제 환경은 정부가 주도하는 여러 경제정책의 수행과 실적 정도가 중요하다고 평가했는데, 그 이론이 어느 정도 확인되는 것으로 분석된다. 보수정권 기간에는 건설투자와 설비투자가 활발해 사회간접자본에 대한 투자 및 기업의 외형 확장이 활발히 진행되는 것을 알 수 있다.

진보정권 기간의 특징은 거시환경보다 자산시장의 변화가 주목된다. 거시지표를 먼저 살펴보면 정부의 분배활동이 강화되면서 내수경제가 활력을 얻고 최종소비가 상대적으로 증가하는 것을 확인할 수 있다. 또한 주주권익에 대한 재평가가 이루어져 상대적으로 배당수익이 증가하는 현상을 보이는 것도 주목할 만하다.

가장 주목되는 것은 주식과 부동산 등 자산시장의 반응이다. 진보 성향의 정부가 주식시장을 인위적으로 부양시킨다고 생각하지는 않는다. 하지만 앞서 개혁경제 환경에서 점검했던 것처럼 자본시장의 기능강화를 목표로 하다 보면 자연스럽게 주식시장이 확장되는 변화를 경험하게 되는 것이다. 또한 부동산 시장에서의 반응도 인상 깊다. 가계를 중심으로 경제 활력을 찾으려는 경제정책은 가계의 투자 활동성을 극대화시켜 자산시장의 반응을 쉽게 이끌어내는 것을 확인할 수 있다.

앞으로 한국정부는 경제와 사회 변화에 따라 계속 바뀌고 발전할 것이다. 중요한 것은, 사회분열을 최소화하고 소외되는 계층이 발생하지 않도록 성숙한 정치와 정책환경이 마련되는 것이다.

필자가 이 글을 통해서 강조하고 싶은 것은 사회현상의 변화가 투자의 방향을 결정하는 데 상당히 중요한 역할을 할 수 있으며, 상황에 맞는 전략을 수립하는 것이 앞으로 투자활동을 수행하는 데 있어 중요하다는 점이다.

주식과 부동산에 대한
관심이 필요하다

결론적으로 개혁경제 환경에서는 주식과 부동산 등 다양한 투자자산에 관심을 갖는 자세가 요구된다. 그 범위를 국내로 한정지을 필요도 없다. 그만큼 코로나19 경기침체를 극복하기 위해서는 정부 또는 기업이 방향을 제시하는 것이 아닌 가계를 구성하는 사람 하나하나가 소중한 자원이 될 수 있다는 점이다.

자유경제 환경으로 바뀌면 어떤 투자를 해야 할까? 오른쪽 도표에서 현금으로 표시한 것은 투자에 신중할 필요가 있다기보다 흐름을 읽는 자세가 중요하다는 뜻이다. 기업 중심의 왕성한 투자가 이루어진다면 시장경제 체제가 슬림화되고 '승자독식'의 체제를 구축하게 된다. 이때는 특정 투자자산이 독주하는 체제가 만들어지기 때문에 주식과 부동산 등을 구분짓는 자세가 아닌 쏠림이 발생하는 자산에 집중하는 전략이 필요하다.

보수와 진보 정권교체 국면별 거시지표 및 자산시장의 변화

구분	경제 시스템을 구성하는 키워드			성장을 위한 조건	유형자산
개혁경제	평등	법치	혁신	안정된 자본시장	부동산 주식
	투자	마찰	창업	소득/투자 확대	
자유경제	세계화	효율성	승자독식	해외시장 개척	현금(저축)
	불평등	과열	대기업	선점 후 방어	
관리경제	정책	재정	물가	체계적인 정책	채권
	폐쇄	순응	비리	사회적 동의	

출처 : 조성봉(2005), 교보증권

관리경제 하에서는 자산가의 입장에서 투자전략을 수립하는 것이 필요하다. 간결한 경제성장 전략을 제시해 목표를 이루어내면 정부는 경제를 통제하려 하는 성향을 드러낸다. 경제가 성장한 만큼 물가 상승압력이 커져 긴축정책을 강화하게 되는데, 그 정점에 접근할 때 채권에 대한 투자가 필요해진다.

특히 관리경제 환경에서는 중앙은행의 역할이 중요해져 중장기적으로 최적의 채권투자 타이밍을 포착할 수 있게 된다. 코로나19 경기침체를 극복하고 정상단계에 올라서고 난 이후 발생할 수 있는 현상이기 때문에 이 책을 읽은 독자라면 기억을 해주길 바란다.

결론적으로 정부의 기능과 역할, 이념적 문제가 경제뿐만 아니라 투자환경에 상당한 영향을 줄 수 있음을 확인할 수 있다. 순수하게 투자전략을 수립하는 데 있어 정책환경과 방향을 읽어보기 위한 수단으로 생각해줬으면 좋겠다.

코로나19 문제가 해결되는 것만으로 새로운 경제와 투자환경에 적응하는 것은 힘들 것이다. 코로나19가 누른 리셋 버튼으로 인해 바뀌게 될 사회 시스템, 경제, 정책 등 다양한 요소를 정리하고 이들 서로의 관계와 영향을 평가해 나에게 가장 잘 맞는 투자전략을 수립하는 데 지금까지의 내용이 도움이 되길 바란다.

주린이를 위한 투자전략

사회와 경제의 성장속도가 다르듯이 정치문화와 정책의 발전속도도 다를 수밖에 없다. 투자전략은 몇 수를 먼저 읽어야 하는 바둑 또는 체스와 다르지 않다. 현재의 전열을 객관적으로 평가하고 피해를 최소화하고, 이윤을 극대화하는 전략을 수립해야 한다.

RESET
BUTTON ON
WEALTH

우리가 가야 할
새로운 부의 길

코로나19 감염문제가 계속되던 2020년 6월 어느 날, 메이트북스의 정영훈 대표를 만나뵙고 책을 집필하는 데 대해 이야기를 나눴다. 마음속으로 막연히 언젠가 책을 한번 쓰고 싶다는 생각을 갖고 있었지만 지난 20년 동안 투자전략 업무를 해온 것을 어떻게 글로 풀어낼 수 있을까 하는 고민이 컸다.

책을 쓰기 시작하면서 걱정했던 것은 지난 20년 동안 수많은 글을 써왔던 것을 어떻게 하나로 묶을 수 있느냐는 것이었다. 실제로 여러 주제를 나눠 글을 써본 결과 서로의 연결고리를 찾는 것도 쉽지 않았고, 초고를 완성하면서 '이 책에 담긴 내용 말고도 너무 중요한 내용이 많이 남아 있구나' 하는 생각을 했다. 앞으로도 필자가 많이 연구하고 발전해야 할 목표도 새롭게 가질 수 있는 소중한 시간이었다고 생각한다.

본문에도 중간중간 적어두었지만 이 글을 마치면서 독자와 수많은 투자자들에게 하고 싶은 이야기는 크게 2가지이다.

첫째, 나만의 원칙과 기준을 꼭 갖자는 것이다.

사람들은 각자 살아온 경험도 다르고, 투자성향도 다를 수밖에 없다. 성공한 사람의 원칙이 모두에게 똑같이 적용될 수는 없다는 것이다. 투자投資란 내 손에서 나의 소중한 돈投이 떠나는投 위험한 경제활동이다. 잘 모르는 사람의 말을 듣고 결정하는 것은 조금 무책임한 행위일 수 있다.

투자는 어디로 던지는지도 중요하지만 내 손을 떠났던 돈이 안전하게 돌아오는 것이 더 중요하다. 그 돈이 얼마가 되어 돌아오든지 따뜻하게 감싸 안고 감사하는 마음을 갖는 것도 필요하다. 그래서 나의 재정상태, 투자여력 등을 감안해 나의 평범한 삶을 훼손하지 않는 선에서 투자를 하는 것이 중요하다. 투자는 지식을 학습하는 것처럼 끝이 없는 경제활동이다.

둘째, 원칙과 기준을 실천하는 것이다.

경제환경은 수시로 바뀐다. 또한 투자환경은 경제보다 더 빠르게 변한다. 사람들은 언론을 통해 접하는 수많은 정보를 토대로 투자판단을 내리게 되는데, 이때 기준과 원칙이 없다면 휩쓸려 다니기 쉽상이다. 앞서 말했던 것처럼 나만의 투자원칙을 기록해두고, 그 원칙을 위반하거나 의심하지 않는 자세를 갖는 것이 중요하다.

이 2가지를 꼭 지킨다면 조금 더 나은 경제력을 갖게 되는 데 도움이 될 것으로 믿어 의심치 않는다.

이 책은 우리 사회 및 경제의 변화와 투자에 도움이 될 수 있도록 그동안의 경험을 집약해 작성한 내용들을 담고 있다. 아직 배워야 할 것도 많고 이론적으로 허점이 많아 보이는 것도 인정한다. 하지만 애널리스트로서 앞으로도 많은 연구와 노력을 해야 한다고 생각하며, 이 책은 투자의 시대에 작은 도움이 될 수 있는 지침서인 동시에 필자에게는 앞으로 해결해야 할 모든 것들이 담긴 문제집과 같은 책이라고 생각한다.

앞으로도 통찰력 있는 투자 아이디어를 제시할 수 있도록 끊임없이 정진하고자 한다.

김형렬